utb 5889

Eine Arbeitsgemeinschaft der Verlage

Brill | Schöningh – Fink · Paderborn
Brill | Vandenhoeck & Ruprecht · Göttingen – Böhlau · Wien · Köln
Verlag Barbara Budrich · Opladen · Toronto
facultas · Wien
Haupt Verlag · Bern
Verlag Julius Klinkhardt · Bad Heilbrunn
Mohr Siebeck · Tübingen
Narr Francke Attempto Verlag – expert verlag · Tübingen
Psychiatrie Verlag · Köln
Ernst Reinhardt Verlag · München
transcript Verlag · Bielefeld
Verlag Eugen Ulmer · Stuttgart
UVK Verlag · München
Waxmann · Münster · New York
wbv Publikation · Bielefeld
Wochenschau Verlag · Frankfurt am Main

Martin Lehner

Mini-Aufgaben

Denkprozesse anregen und Neugier wecken

Haupt Verlag

Prof. Dr. Martin Lehner, Promotion und Habilitation in Erziehungswissenschaft, leitet das Department „Entrepreneurship & Communications“ an der Fachhochschule Technikum Wien, an der er von 2015 bis 2018 das Vizerektorat für Lehre innehatte. Nach seiner Tätigkeit als Personalentwickler bei IBM war er mehrere Jahre lang selbstständiger Trainer und Berater, anschließend Prozesscoach bei der TUI. Von 1998 bis 2005 war er Professor an der Fachhochschule Vorarlberg, drei Jahre lang auch Vizerektor. Er leitet seit vielen Jahren didaktische Workshops und ist Autor einschlägiger Veröffentlichungen. Zuletzt erschienen: Viel Stoff – wenig Zeit, 5. Aufl. Bern 2020; Didaktische Reduktion, 2. Aufl. Bern 2020; Didaktik, Bern 2019.

1. Auflage: 2022

Bibliografische Informationen der Deutschen Nationalbibliothek:
Die Deutsche Nationalbibliothek verzeichnet diese Publikation in der Deutschen Nationalbibliografie; detaillierte bibliografische Daten sind im Internet über http://dnab.dnb.de abrufbar.

Umschlaggestaltung: siegel konzeption | gestaltung, D-Stuttgart
Umschlagfoto: iStockphoto.com/Mikhail Blavatskiy
Gestaltung und Satz: Die Werkstatt Medien-Produktion GmbH, D-Göttingen
Lektorat: Dietlind Grüne, D-Heidelberg

Printed in Germany

UTB-Band-Nr.: 5889
ISBN: 978-3-8252-5889-4

Inhaltsverzeichnis

Vorwort

Liebe Leserin, lieber Leser,

Aufgaben im Allgemeinen und Mini-Aufgaben im Besonderen tragen dazu bei, dass sich Lernende mit einem Lerngegenstand auseinandersetzen und sich diesen erschließen. Mini-Aufgaben weisen dabei ein zentrales Gestaltungselement auf: Bei ihnen handelt es sich nämlich um Aufgabenstellungen, die in einer eher kurzen Zeit alle Lernenden adressieren und im besten Fall auch kognitiv aktivieren. Damit sprechen sie auch die Tiefenstrukturen des Unterrichts an und bieten zudem die Möglichkeit, das für die jeweilige Zielgruppe und die unterrichtliche Zielstellung Wesentliche zu formulieren. Nicht zuletzt leisten Mini-Aufgaben einen dramaturgischen Beitrag, da sie die Informationsaufnahme unterbrechen und als Haltepunkt den Lernenden die Gelegenheit bieten, das, was sie gehört, gesehen und diskutiert haben, tiefer mit dem zu vernetzen, was sie schon wissen oder können.

Wiewohl das Stellen von Aufgaben für Lehrpersonen eine Routinehandlung ist, gibt es doch starke Unterschiede in der Wirksamkeit von Aufgaben. Die Effektivität der jeweiligen Aufgabe hängt insbesondere davon ab, wie gut sie implementiert wurde. Dies gilt auch und insbesondere für Mini-Aufgaben, denn diese müssen einerseits inhaltlich Wesentliches bezeichnen und andererseits das Vorwissen und Vorverständnis der Lernenden berücksichtigen. Gute Mini-Aufgaben sind keineswegs triviale Quizfragen, die von allen Lernenden wie selbstverständlich richtig beantwortet werden können, sondern sie fordern die Lernenden inhaltlich heraus, regen Denkprozesse an und wecken Neugier. Dabei adressieren sie ganz ausdrücklich – und hierin besteht ein großer Unterschied zum Unterrichtsgespräch – alle Lernenden und fordern von jedem und jeder eine Beantwortung ein.

Gute Mini-Aufgaben sind ganz wesentlich inhaltlich geprägt und benötigen eine hohe fachliche Expertise der jeweiligen Lehrperson. Hier gibt es einen deutlichen Bezug zu meinen anderen Veröffentlichungen, insbesondere „Didaktische Reduktion“ (2. Aufl. 2020) und „Viel Stoff – wenig Zeit“ (5. Aufl. 2020), denn Mini-Aufgaben laden einerseits die Lehrpersonen zur konzentrierten Aufbereitung zentraler Inhalte ein sowie andererseits die Lernenden zur konstruktiven Auseinandersetzung mit denselben.

Abschließend möchte ich mich sehr herzlich bei denjenigen bedanken, die mit Anregungen und Ideen zum Entstehen dieses Buches beigetragen haben. Meine Frau Karin hat die Mini-Aufgaben in ihrer Schulpraxis ausprobiert und eigene

Beispielaufgaben erstellt; Renate Wustinger, Christian Kollmitzer und Thomas Wala haben auf ihre jeweils eigene Weise inhaltliche Vorschläge gemacht, die in das Buch eingeflossen sind. Ein ganz herzliches Dankeschön geht auch an Iris Alder vom Haupt Verlag, die das Buchprojekt begleitet hat und für mich stets eine interessierte und kompetente Ansprechpartnerin war.

Ihnen, liebe Leserinnen und liebe Leser, wünsche ich viel Freude mit diesem Buch.

Wien, 10. Januar 2022
Martin Lehner

1 Grundlagen

Inhalt

Zusammenfassung

Die Idee der Mini-Aufgaben (1.1) besteht darin, möglichst viele Lernende in einer eher kurzen Zeit kognitiv zu aktivieren. Mini-Aufgaben fordern die aktive Auseinandersetzung mit dem Lerngegenstand ein und tragen zur konstruktiven Aneignung desselben bei (1.2). Damit rückt das Anregungspotenzial von Aufgaben in den Blick (1.3). Zwei Schwerpunktbildungen sind in Bezug auf Mini-Aufgaben sinnvoll: Mit Blick auf die Sache ist die Frage nach den für die jeweilige Zielgruppe wesentlichen inhaltlichen Aspekten zu stellen (1.4); mit Blick auf die Lernenden ist zu fragen, ob und wie es gelingen kann, Verstehensprozesse anzustoßen (1.5).

1.1 Mini-Aufgaben: die Idee

Mini-Aufgaben bezeichnen Aufgabenstellungen, bei denen in **eher kurzer Zeit möglichst viele Lernende** angesprochen und im besten Fall auch kognitiv aktiviert werden. Die Grundidee der Mini-Aufgaben, Denkprozesse anzuregen („kognitive Aktivierung"), geht einher mit der Möglichkeit, Neugier und Interesse zu stimulieren oder zu vertiefen – und dies eben für möglichst viele Lernende in einer eher kurzen Zeitspanne. In Abgrenzung zu anderen Aufgabenformaten (z. B. fachlich komplexen, zeitlich umfangreichen Aufgaben) werden die Chancen einer auf Verständnis ausgerichteten Aufgabenstellung für eine eher kurze Zeitspanne beleuchtet.

Bei einer Mini-Aufgabe werden im Idealfall **alle Lernenden** angesprochen und zu einer Auseinandersetzung mit der Aufgabe aufgefordert. Hier zeigt sich ein deutlicher Unterschied zu anderen methodischen Spielarten: So kann man beispielsweise bei einem Unterrichtsgespräch davon ausgehen, dass einige Lernende aktive Lernhandlungen vollziehen, also über die Frage nachdenken bzw. den Denkanstoß aufnehmen, dass diese Aktivität aber oft auf einige wenige Lernende beschränkt bleiben wird. Ähnliches kann auch bei Gruppenarbeiten passieren, bei denen einzelne Gruppenmitglieder die Bearbeitung der Aufgabe einem Gruppenmitglied oder einem Teil der Gruppe überlassen und sich selbst zurücknehmen.

Neben das erste Merkmal der Mini-Aufgaben, die Aktivierung möglichst aller Lernenden, tritt ein zweites Merkmal: das im Regelfall **geringe Zeitbudget**. Dieses bewegt sich oftmals im Rahmen von drei Minuten, gelegentlich werden es auch fünf, und nur in eher seltenen Fällen werden auch zehn Minuten erreicht. Damit einher geht die Notwendigkeit, qualitativ hochwertige Mini-Aufgaben zu entwickeln, um lernseitig echte Aneignungsprozesse anzustoßen. Zwar mag es selbstverständlich erscheinen, „gute“ Aufgaben für die Lehre bereitzuhalten, doch gilt dies für Mini-Aufgaben in besonderer Weise: Eine geeignete Mini-Aufgabe regt stets zur Beschäftigung mit ihr an; dabei überrascht oder irritiert sie gelegentlich, ein manches Mal offeriert sie neue Einsichten, und oftmals verweist sie auf interessante, die Neugier bedienende Aspekte. Die Arbeit mit Mini-Aufgaben fordert demzufolge gleichermaßen die fachliche und die didaktische Kompetenz der Lehrenden.

Eine typische Mini-Aufgabe findet sich in dem folgenden Beispiel: Im Fach Physik – denkbar sowohl in der Sekundarstufe 2 als auch in der Hochschule – erhalten die Lernenden eine Auswahlaufgabe (Single Choice) (→ Abb. 1), die sie im Regelfall zunächst alleine bearbeiten. Nach ein bis zwei Minuten werden die Lernenden um ihr Votum gebeten: Antwort A, B oder C. Dies kann im Unterrichtsraum durch Aufzeigen, bei großen Gruppen auch mithilfe eines elektronischen Klicker-Systems (mit mobilen Abstimmungsgeräten) oder online mithilfe eines Umfrage- bzw. Quiztools erfolgen. Danach besteht für die Lehrperson die Möglichkeit, exemplarisch eine Erläuterung der jeweiligen Entscheidung einzuholen.

Die Temperatur einer Metallplatte mit Loch wird erhöht. Welche der folgenden Aussagen ist richtig?

(A) Das Loch vergrößert sich.

(B) Das Loch verkleinert sich.

(C) Das Loch bleibt gleich groß.

Abb. 1: Mini-Aufgabe – Beispiel: Physik[1]

An diesem Beispiel lassen sich einige Merkmale einer Mini-Aufgabe gut ablesen: Zunächst einmal ist die Aufgabe gleichermaßen **an alle Lernenden gerichtet**, das heißt, jede und jeder Lernende ist aufgefordert, sich mit der Aufgabenstellung auseinanderzusetzen und eine sinnvolle Antwort zu geben (on-site oder online). Die Aufgabenstellung ist dabei **herausfordernd**, und die Lernenden werden dazu angehalten, auf ihr jeweiliges Vorwissen zurückzugreifen und dieses in die Lösungsfindung einzubeziehen. Die Lösung liegt keineswegs „auf der Hand"; oftmals verteilen sich die Antworten recht gleichmäßig auf die Lösungsalternativen.

Richtig ist bei der Aufgabe im Übrigen die Lösung (A): Das Loch vergrößert sich. Dabei hilft die Vorstellung, dass die Metallplatte aus zahlreichen dünnen Metallringen bestünde. Würde man diese Ringe erhitzen, so würden sie sich ausdehnen, und zwar sowohl in der Länge als auch in der Breite. Die Längsdehnung fällt aber stärker ins Gewicht; deshalb wächst der Radius eines solchen Ringes bei Erhitzung, und damit wird das Loch in der Metallplatte größer. (Zum Vergleich: Würde man fragen, wie sich Metalle im Regelfall bei Erwärmung verhalten, so würden vermutlich fast alle Lernenden der genannten Zielgruppe die richtige Lösung „sie dehnen sich aus" wählen; der Grad an kognitiver Aktivierung und Verarbeitungstiefe wäre aber eher gering.)

Für die Bearbeitung der Mini-Aufgabe steht in der Regel nur ein geringes Zeitbudget von ein bis zwei Minuten zur Verfügung. Dies hängt auch davon ab, ob es sich ausschließlich um eine Einzelarbeit handelt oder ob sich ein partnerschaftlicher Austausch – vor oder nach der ersten Abstimmung – anschließt und ein Einholen möglicher Begründungen für die gewählte Antwortalternative vorgesehen ist. Abb. 2 zeigt den **beispielhaften Ablauf** einer Mini-Aufgabe.

Mini-Aufgaben erstellen	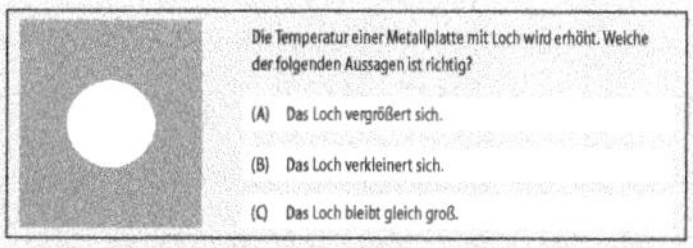
Erste Abstimmung durchführen und Ergebnis zeigen Begründung einholen (exemplarisch)	A: 5; B: 7; C: 8 „Dehnt sich nach innen und außen aus, also wird das Loch kleiner."
Austausch mit Sitznachbar/in	„Ja, aber wirklich in alle Richtungen."
Zweite Abstimmung durchführen Auflösung	A: 9; B: 5; C: 6 „Loch wird größer, weil …"

Abb. 2: Mini-Aufgabe mit Austausch – Beispiel: Physik

Methodisch gesehen gehört die Mini-Aufgabe damit zu den **methodischen Kleinformen**, die allesamt ein eher geringes Zeitbudget beanspruchen (→ Kap. 3.3). Es gibt Parallelen zur Murmelgruppe (auch Buzz Group, Tuschelgruppe), die ebenfalls eingesetzt wird, um möglichst viele Lernende in sehr kurzer Zeit (ca. drei bis fünf Minuten) zu aktivieren. Die Murmelgruppe ist eine Form des Brainstormings, bei der die Lernenden in kleinen Diskussionsgruppen, z. B. mit der Sitznachbarin bzw. dem Sitznachbarn, bestimmte Inhalte wiederholen oder Ideen generieren. Beispiel: Zu Beginn eines zweiten Unterrichtsabschnitts werden die Lernenden gebeten, die Inhalte des ersten Abschnitts zu erinnern: Was war wichtig? Was ist noch zu klären?

Auch das Format der sogenannten Peer Instruction weist Parallelen zu einer Mini-Aufgabe auf.[2] Bei dieser gerade auch in großen Gruppen eingesetzten hochschuldidaktischen Methode aus dem MINT-Bereich beantworten die Lernenden nach einem fachlichen Input eine verständnisorientierte Auswahlfrage (meist Single Choice); sie tun dies zunächst alleine und verwenden dafür oftmals ein Voting-Tool auf ihrem mobilen Endgerät. Anschließend wird die Ergebnisstatistik eingeblendet, und der Unterricht bzw. die Vorlesung wird dann – je nach Gesamtergebnis – weitergeführt: Bei einer hohen Zahl an korrekten Antworten wird der Unterricht mit vertiefenden Erklärungen angereichert; bei einer eher geringen Zahl an korrekten Antworten findet eine Diskussion mit dem Sitznachbarn bzw. der Sitznachbarin statt (Peer Discussion), an die sich eine erneute Abstimmung anschließt.

Die **Funktion** einer Mini-Aufgabe besteht grundsätzlich darin, möglichst viele Lernende zur Auseinandersetzung mit den Lerninhalten anzuregen; sie soll also Denkprozesse anstoßen, aktive Lernhandlungen befördern und das Sich-Aneignen der Lerninhalte voranbringen. Neben diese eher lernprozessbezogene Ausrichtung einer Mini-Aufgabe treten verschiedene unterrichtliche Zwecke, die sich auch an der jeweiligen Zielgruppe, deren Kenntnis- und Erfahrungsstand sowie den situativen Gegebenheiten ausrichten:

- subjektive Konzepte konfrontieren
- neue Einsichten offerieren
- Wesentliches herausarbeiten
- Lerntransfer anregen
- Inhalte wiederholen, Wissenstand überprüfen und Feedback bereitstellen
- Erfolgserlebnisse ermöglichen
- Konzentration wiederherstellen
- Neugier und inhaltliches Interesse stimulieren
- übergreifend alle Lernenden erreichen

Die genannten Zwecke greifen in **unterschiedlichen Lehr-/Lernsituationen** und sind demzufolge durchaus auch unterschiedlich anspruchsvoll: Manchmal kann es erforderlich sein, den Lernenden zu einem Erfolgserlebnis zu verhelfen, indem eine direkte Möglichkeit zur Anwendung von Wissen, Fähigkeiten oder Kompetenzen bereitgestellt wird; manchmal muss die Konzentration über eine kompakte Aufgabe wiederhergestellt werden. In anderen Fällen werden Lerninhalte wiederholt, dabei auch inhaltliche Akzente gesetzt und wesentliche inhaltliche Aspekte beleuchtet. Mini-Aufgaben können dazu beitragen, ein bestimmtes Können in neue Kontexte zu transferieren, und sie können lernseitige Konzepte infrage stellen, irritieren oder sogar verstören. Nicht zuletzt können Mini-Aufgaben dazu beitragen, neue Sichtweisen zu generieren und das inhaltliche Interesse zu weiten.

Zwischen der jeweiligen Funktion einer Mini-Aufgabe und dem **gewählten Schwierigkeitsgrad** gibt es einen Zusammenhang, der sich an zwei Beispielen verdeutlichen lässt: Sofern es eher darum geht, den Lernenden Erfolgserlebnisse zu ermöglichen, wird man die Mini-Aufgaben so gestalten, dass es für möglichst viele Lernende auch möglich ist, diese erfolgreich zu bewältigen. Dies kann beispielsweise dann sinnvoll sein, wenn der Unterrichtsverlauf von den Lernenden als zunehmend schwierig empfunden wird; gerade für jüngere Schülerinnen und Schüler kann dies von großer Bedeutung sein. Sofern es aber darum geht, bestimmte alltagsweltliche Vorstellungen der Lernenden infrage zu stellen, ist es eher sinnvoll, wenn einige Lernende die Mini-Aufgabe zunächst nicht korrekt beantworten, um aus der fehlerhaften Antwort Erkenntnisse abzuleiten und weiter zu lernen. Dieses Vorgehen betrifft sicherlich eher die älteren Schülerinnen und Schüler sowie die Studierenden.

Im **Verlauf des Unterrichts** lassen sich Mini-Aufgaben vor allem in Phasen integrieren, die eher darstellend ausgerichtet sind (→ Abb. 3). Dies lässt sich gut anhand eines unterrichtlichen Planungsmodells nachvollziehen, das die Verlaufsplanung mit einer Innen- und einer Außensicht versieht (→ Kap. 3.2). Während die Außensicht in der Regel auf die direkt wahrnehmbaren methodischen, sozial-organisatorischen und ablaufbezogenen Aspekte von Unterricht abzielt, bezieht sich die Innensicht hingegen vorrangig auf die Aktivitäten der Lernenden und versucht, deren jeweils individuell ausgeformte Konstruktionsleistungen zu benennen. Die Innensicht denkt Lehren vom Lernen her und unterscheidet – in Analogie zum Atmungsprozess – idealtypisch das „Einatmen“ (eher rezeptive Lernhandlungen) vom „Ausatmen“ (eher kognitiv aktive Lernhandlungen). In dieser Planungslogik bieten Mini-Aufgaben die Möglichkeit, längere Phasen des „Einatmens“ – etwa bei

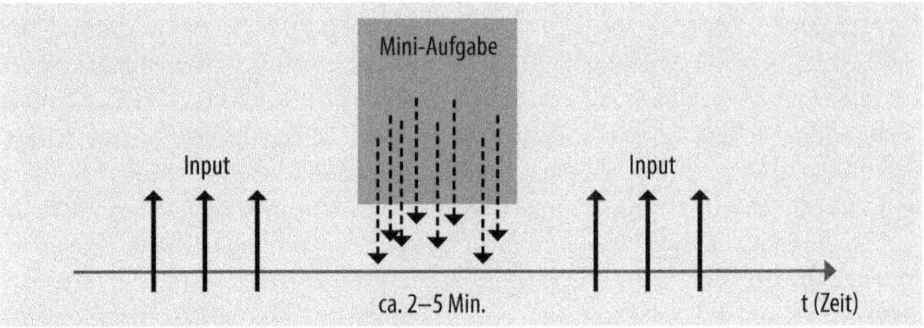

Abb. 3: Die Mini-Aufgabe im unterrichtlichen Verlauf

Erklärungen oder in einem Vorlesungssetting – durch gezielte Aktivitäten aller Lernenden zu bereichern (→ Abb. 4). Mini-Aufgaben ermöglichen ein „Ausatmen" vieler Lernender in einer eher darstellenden Unterrichtsphase, ohne diese zeitlich einzuschränken, wofür sich auch empirische Evidenzen anführen lassen.[3]

Gerade in Bezug auf das eben diskutierte Setting – Phasen der Darstellung mit integrierten Mini-Aufgaben – lässt sich gut argumentieren, dass die **inhaltliche Ausgestaltung** einer Mini-Aufgabe von großer Bedeutung ist. Da die Anzahl von Mini-Aufgaben natürlich begrenzt ist und aus Gründen des Lerninteresses auch begrenzt sein sollte, ist es umso wichtiger, welche Inhalte Eingang in die Mini-Aufgaben finden. Positiv gewendet besteht damit die Möglichkeit, auch inhaltliche Schwerpunkte zu setzen und vor allem die wesentlichen Aussagen, Regeln, Zusammenhänge, Fragen usw. herauszustellen. Gerade für Lehrpersonen, die eher dazu tendieren, die Inhalte möglichst vollständig an die jeweilige Zielgruppe weiterzugeben, wird durch Mini-Aufgaben die Möglichkeit eröffnet, eine inhaltliche Schwerpunktsetzung vorzunehmen und damit der Vollständigkeitsfalle[4] zu entgehen. Vor diesem Hintergrund besteht eine der zentralen Herausforderungen bei der Ent-

Inhalt	Außensicht: Methode	Innensicht: Lernaktivität	Zeit
Teil 1	Impulsvortrag	E	10 Min.
Teil 1	Mini-Aufgabe	A	5 Min.
Teil 2	Impulsvortrag	E	10 Min.
Teil 2	Mini-Aufgabe	A	3 Min.
…	…	…	…

E = Einatmen; A = Ausatmen

Abb. 4: Planungsmodell „Ein-/Ausatmen" – Beispiel

wicklung von Mini-Aufgaben darin, sich die wesentlichen Verstehenselemente des jeweiligen Lehr-/Lernprozesses zu vergegenwärtigen und diese in eine geeignete Mini-Aufgabe zu überführen.

Zusammenfassend lässt sich festhalten, dass sich Mini-Aufgaben aufgrund ihrer zentralen Merkmale – der (a) **Aktivierung möglichst aller Lernenden** in einer (b) eher **kurzen Zeitspanne** – gut dazu eignen, sie in ein bereits bestehendes Lehr-/Lernkonzept zu integrieren. Dies gilt insbesondere für längere darstellende Phasen wie etwa umfängliche Erklärungen der Lehrperson oder – in der Hochschule – für das Format der Vorlesung. Diese eher unterrichtsmethodische bzw. verlaufsbezogene Möglichkeit wird durch die inhaltliche Gelegenheit ergänzt, die Aneignungsprozesse der Lernenden so zu bereichern, dass das Verstehen der jeweiligen Zusammenhänge und in der Folge der Kompetenzaufbau befördert werden. Nicht zuletzt bieten Mini-Aufgaben die Chance, einen Selbstcheck durchzuführen bzw. ein Feedback zum aktuellen Lernstand einzuholen, sowie die Möglichkeit zur Entfaltung von Motivation, Neugier und Lerninteresse.

1.2 Kognitive Aktivierung: Impulse für alle

Da Mini-Aufgaben Aufgabenstellungen bezeichnen, bei denen in kurzer Zeit möglichst viele Lernende erreicht und kognitiv aktiviert werden, ist es durchaus sinnvoll, auf einige Erkenntnisse aus der Unterrichtsforschung zurückzugreifen. Dort richten die Forschenden ihr Augenmerk beispielsweise auf den Zusammenhang von Aufgabenstellung, Lernphasen und Lernergebnissen. Als besonders hilfreich erweist sich dabei die Unterscheidung von unterrichtlichen Sicht- und Tiefenstrukturen[5] (→ Abb. 5), weil die eigentlichen Lehr-/Lernprozesse wesentlich im Bereich der Tiefenstrukturen anzusiedeln sind.

- **Sichtstrukturen** bezeichnen alle unterrichtlichen Merkmale, die (auch für Außenstehende) durch Beobachtung leicht zugänglich sind: Im Wesentlichen sind das didaktische Methoden einschließlich der jeweiligen Sozialformen.
- **Tiefenstrukturen** fokussieren eher auf die Qualität der inhaltlichen Auseinandersetzung oder der Interaktionen: Dazu gehören kognitive Aktivierung, individuelle Unterstützung der Lernenden und Classroom Management (Umgang mit Lernzeit und Störungen) (→ Abb. 6).

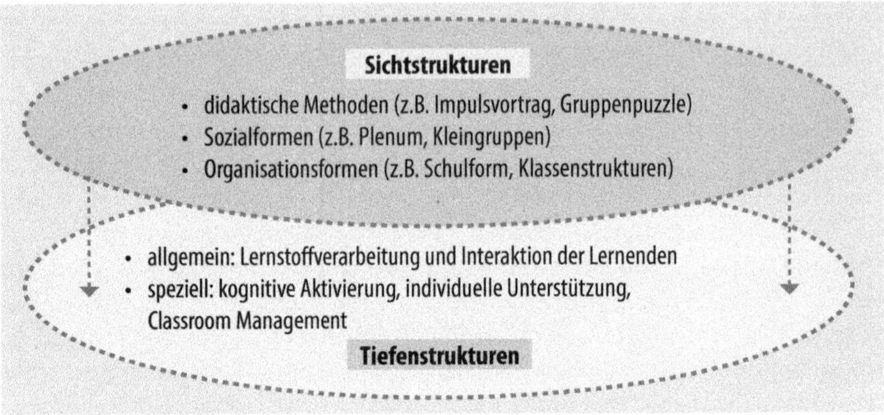

Abb. 5: Sicht- und Tiefenstrukturen[6]

Die Unterscheidung von Sicht- und Tiefenstrukturen ist für das Verständnis unterrichtlicher Arrangements aufschlussreich, „da die Forschung zur Effektivität von Unterricht zeigt, dass das Vorliegen bestimmter Sichtstrukturen und die Qualität der Tiefenstrukturen weitgehend unabhängig voneinander variieren, dass also innerhalb der gleichen Sichtstruktur Aufgabenstellungen oder die Interaktion zwischen Lehrenden und Lernenden völlig unterschiedlich gestaltet sein können“[7]. Ebenfalls empirisch gut belegt ist zudem, „dass die Tiefenstrukturen des Unterrichts das Lernen und die Entwicklung von Schülerinnen und Schülern deutlich stärker beeinflussen als die Sichtstrukturen, also die Organisationsformen oder Methoden“[8].

Der Begriff **kognitive Aktivierung** verweist auf den Anforderungsgehalt im Lehr-/Lernprozess. Da Lernen ein aktiver Prozess ist, bei dem die Lernenden ihre Aufmerksamkeit auf das Lernmaterial richten, neue Informationen mit bereits vorhandenem Wissen abgleichen, aktiv Probleme lösen und somit ihre Wissensstrukturen erweitern, bedarf es einer aktiven Auseinandersetzung mit den Lerninhalten.[9] Eine zentrale Rolle bei der kognitiven Aktivierung spielen Aufgabenstellungen, da unterschiedliche Arten von Lernhandlungen – Sachverhalte neu miteinander verknüpfen oder auf neue Situationen anwenden, kognitive Konflikte bearbeiten usw. – zur Aktivierung der Lernenden beitragen können. Die kognitive Aktivierung beschreibt einen lernintensiven Umgang mit den Inhalten, der grundsätzlich unabhängig vom jeweiligen Schwierigkeitsgrad ist.

	Merkmale	Beispiele
Kognitive Aktivierung	Anregung der Lernenden zur aktiven und möglichst tiefen Auseinandersetzung mit dem Lernstoff	• Aufgaben, die an das Vorwissen anknüpfen • Inhalte, die kognitive Konflikte bei den Lernenden auslösen • Diskussionen, welche die Meinungen der Lernenden aufgreifen
Konstruktive Unterstützung	Hilfe bei Verständnisproblemen	• konstruktiver Umgang mit Fehlern • Geduld und angemessenes Tempo • freundliche, respektvolle Beziehungen
Classroom Management	effektive Nutzung der Unterrichtszeit durch weitgehend störungsfreie Unterrichtssteuerung	• frühe Einführung von Regeln und Routinen • konsequenter Umgang mit Störungen • gut geplante Bereitstellung von Unterrichtsmaterial

Abb. 6: Tiefenstrukturen des Unterrichts[10]

Die Wahl einer didaktischen Methode sagt wenig über die kognitive Aktivierung und die Qualität der geplanten oder realisierten Lehr-/Lernprozesse aus (→ Zitat 1). Grundsätzlich **können alle möglichen didaktischen Methoden kognitiv aktivieren**, unabhängig davon, ob die Methode eher auf die Eigenverantwortlichkeit und Selbsttätigkeit der Lernenden oder die möglichst gute Vorstrukturierung des Lernstoffs fokussiert. Kurt Reusser und Christine Pauli fassen die Ergebnisse einer diesbezüglichen Studie zusammen: Die Lernenden schätzten ihre eigene kognitive Aktivität umso höher ein, „je kohärenter und klarer die zentralen Elemente und Beziehungen (die ‚Verstehenselemente') bearbeitet und je besser die Repräsentationen genutzt und verknüpft wurden. Ob beispielsweise die Einführung des Satzes von Pythagoras durch ein von der Lehrperson gelenktes methodisches Vorgehen (Lehrervortrag oder fragend-entwickelndes Unterrichtsgespräch) oder durch ein problemlösend-entdeckendes Verfahren erfolgte, spielte dabei keine Rolle."[11]

Zitat 1: Andreas Gold (2015): Guter Unterricht

„Im Prinzip lässt sich mit allen Unterrichtsmethoden guter Unterricht machen, soweit es den Lehrern gelingt, die Schüler zum Denken herauszufordern und ihre individuellen Lernprozesse konstruktiv zu unterstützen."[12]

Die Bedeutung der kognitiven Aktivierung für die didaktischen Methoden lässt sich exemplarisch beleuchten. Einige Überlegungen dazu werden im Folgenden angeführt.

- **Unterrichtsgespräch:** Diese didaktische Methode erfüllt ihren Zweck, wenn es gelingt, möglichst viele Lernende in kognitiv anregende Interaktionen einzubinden. Dabei spielen tiefenstrukturelle Merkmale wie die Möglichkeit zur Elaboration von Inhalten, die konstruktive Rückmeldung auf Beiträge von Lernenden oder eben auch „gute" Aufgabenstellungen eine bedeutende Rolle. Das Unterrichtsgespräch verfehlt seinen Zweck, wenn es zu einer zügig voranschreitenden „Frage-Veranstaltung" deformiert wird, bei der die Lernenden als Stichwortgeber für Lehrimpulse fungieren. Letztlich entscheidend sind beim Unterrichtsgespräch die Art und Qualität der dargebotenen Informationen und die dadurch angestoßenen tiefen Verarbeitungsprozesse in einem möglichst dialogischen Unterrichtsklima.
- **Gruppenarbeit:** Eine Gruppenarbeit wird im Regelfall mit Kleingruppen von drei bis fünf Lernenden durchgeführt. Die Aufgabe der Lehrperson ist es, die einzelnen Phasen der Gruppenarbeit sorgfältig zu planen und die Kleingruppen während der eigentlichen Gruppenarbeitsphase angemessen zu betreuen. Dabei gibt es koordinative Herausforderungen, die sich beispielsweise auf die zu verwendenden Unterlagen oder die Form des Arbeitsergebnisses beziehen, und gruppendynamische Herausforderungen, die sich etwa auf das defensive Verhalten einzelner Gruppenmitglieder, das sogenannte „soziale Faulenzen", beziehen. Ein wesentlicher Schlüssel zur erfolgreichen Gruppenarbeit liegt in der Verwendung echter Gruppenaufgaben mit unterschiedlichen Teilaufgaben für die einzelnen Gruppenmitglieder. Solange die der Gruppe gestellte Aufgabe im Grunde auch alleine zu bewältigen ist, ist es für die Gruppe oft wenig einsichtig, warum sie kooperativ agieren soll. Von daher ist eine alle Mitglieder umfassende kognitive Aktivierung auf weitgehend kooperative Aufgabenstellungen angewiesen (→ Abb. 7).
- **Direkte Instruktion:** Die Abfolge dieses Verfahrens (Einführung, Darstellung, Übungsphase in der Gruppe, individuelle Übungsphase) zielt darauf ab, die Aufmerksamkeit der Lernenden zu bündeln, eine möglichst tiefe Informationsverarbeitung zu ermöglichen und den späteren Abruf durch eine intensive Übungsphase zu erleichtern. Studien verweisen auf gute Lernerfolge durch die direkte Instruktion, wobei die offensichtliche Steuerung der Lernprozesse durch die Lehrperson keine negativen Folgen hat, solange die Tiefenstrukturen der Interaktion qualitativ hochwertig gestaltet sind.[13] Gerade in Lehr-/Lernsettings, die über eine ausgeprägte Lehrorientierung verfügen, kann der Einsatz

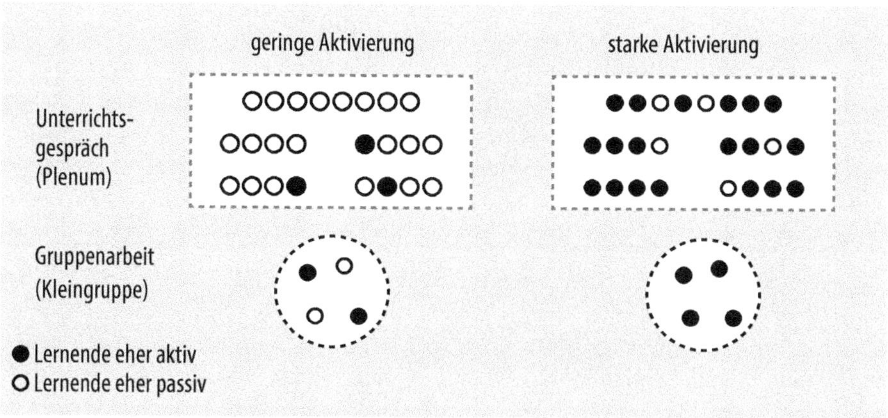

Abb. 7: Grade der Aktivierung in Plenum und Kleingruppe

von Mini-Aufgaben, die möglichst viele Lernende in einer eher kurzen Zeitspanne aktivieren, erfolgreiche Aneignungsprozesse unterstützen.

- **Schülerexperimente:** Neuere Untersuchungen zeigen, dass die Wirkung von Schülerexperimenten oftmals überschätzt wird. Die Schwierigkeit besteht insbesondere darin, die Schülerinnen und Schüler kognitiv zu aktivieren: „Sind die Arbeitsanweisungen kleinschrittig, gelingt zwar das Experiment und seine Auswertung, aber die kognitive Aktivierung ist sehr gering, ein nachhaltiges Lernen wird trotz großer Schüleraktivität nicht erreicht." Andererseits führen „offene Settings nur dann zum Erfolg, wenn schon ein entsprechend großes Vorwissen vorhanden ist".[14] Um die weitgehend passive, quasi rezeptartige Durchführung von Schülerexperimenten zu vermeiden, bedarf es eines passgenauen Unterrichts, der die Aufgabenschwierigkeit und das Vorwissen richtig aufeinander abstimmt und sinnvoll in das Unterrichtsgeschehen einbettet.

Das Konzept der kognitiven Aktivierung lässt sich schärfen, indem eine zweifache Differenzierung bedacht wird: Zum einen findet kognitive Aktivität nicht notwendig in Unterrichtsstunden mit viel aktivem Verhalten statt; die reine Verhaltensaktivität unterscheidet sich von der kognitiven Aktivität durch ihre im Regelfall zwar gut sichtbaren Handlungsstrukturen, die aber nicht notwendig auch in die Tiefe gehen und ein Deeper Learning bzw. einen verstehensorientierten Unterricht befördern. Zum anderen wird oftmals darauf verwiesen, dass mit kognitiver Aktivität „anspruchsvolle ‚higher order'-Denkoperationen"[15] gemeint seien. Doch dieser Anspruch greift – für sich allein genommen – etwas zu kurz; Aufgaben, die kognitiv aktivieren, müssen im Idealfall gleichermaßen **herausfordernd und bewältigbar** sein. So sinnvoll ein hoher Anspruch an die Lernenden sein mag, entfaltet er sich doch erst vor dem Hintergrund des jeweiligen Lernkontexts, insbesondere der individuellen Lernvoraussetzungen. Anspruchsvolles Lernen bedarf einer Referenz auf die Lernenden und berücksichtigt Kenntnisstand, Vorverständnis und Erfahrungshintergrund.

Es ist bemerkenswert, dass die immer wieder zitierten empirischen Unterrichtsstudien bzw. diesbezüglichen Metaanalysen die unterrichtlichen Sicht- und Tiefenstrukturen kaum in den Blick nehmen. Andreas Gold merkt beispielsweise bezüglich der Studien von John Hattie an, dass diese in der **Tradition der klassischen Interventionsforschung** stünden und somit Befunde zur Wirksamkeit leicht sichtbarer Einflussfaktoren bündelten, welche die eigentlichen Tiefenstrukturen aber nicht direkt berührten. Hinsichtlich des tiefenstrukturellen Merkmals der kognitiven Aktivierung kommentiert er: „Das Qualitätsmerkmal der kognitiven Aktivierung kommt in seiner [Hatties] Rangliste der 150 Faktoren gar nicht vor."[16] Obwohl die gebündelten Metaanalysen durchaus dazu beitragen, dass unterrichtliche Einflussfaktoren thematisiert und reflektiert werden können, tragen sie durch das implizite Methoden-Ranking eher wenig dazu bei, die unterrichtlichen Tiefenstrukturen in den Blick zu nehmen.

Mini-Aufgaben sind so angelegt, dass sie möglichst viele Lernende zur aktiven und möglichst tiefen Auseinandersetzung mit dem Lernstoff anregen. Unter Berücksichtigung der jeweiligen Lehr-/Lernbedingungen lautet die Zielrichtung also „kognitive Aktivierung"; gleichsam ist es immer möglich, von dieser strengen Ausrichtung ein wenig abzusehen – beispielsweise zum Zwecke der Wiederholung oder um kleine Erfolgserlebnisse zu ermöglichen. Stets aber sollten möglichst viele Lernende, bestenfalls alle, an der aktiven Auseinandersetzung mit den Inhalten teilhaben und mehr oder minder große Schritte zur Aneignung derselben vollziehen.

1.3 Aufgaben: Aneignung anregen

Das Aktivierungspotenzial einer Aufgabe ist eine für erfolgreiche Lernprozesse wesentliche Größe. Je nachdem, wie Aufgaben gewählt und gestellt werden, induzieren sie verschiedene Wahrnehmungen der Lernenden. Aufgaben im Allgemeinen – und damit auch Mini-Aufgaben – variieren in ihrem **kognitiven Anregungsgehalt**, das heißt, sie fordern die Lernenden in unterschiedlich starkem Maß zur aktiven Auseinandersetzung mit den Inhalten heraus:

- **Geringer kognitiver Anregungsgehalt:** Die Lernenden bearbeiten Aufgabenstellungen, die sie durch bereits bekanntes Wissen einfach beantworten können. In der Regel nutzen sie für die Bearbeitung der Aufgaben ein bereits vorhandenes Routineschema oder geben auswendig gelernte Fakten in einfachen Kontexten wieder. Beispiele: Faktenwissen über die wichtigsten Vorkommnisse in der Regierungszeit eines Monarchen (Geschichte), biografische Eckdaten des Lebens von Thomas Mann und die Inhalte seiner Hauptwerke (Deutsch).
- **Hoher kognitiver Anregungsgehalt:** Die Lernenden bearbeiten Aufgabenstellungen, bei denen neue Lösungswege gefunden oder Sachverhalte in neuen Problemkonstellationen bearbeitet werden müssen. Beispiele: Diskussion der Funktion und Legitimation von Lobbyisten in einem demokratischen Staatswesen (Politik), Reflexion der Wirkmechanismen und der Bedeutung von FCKW und FKW bei der Entstehung des Ozonlochs (Chemie, Geografie).

Es kann durchaus sein, dass Aufgabenstellungen mit eher geringem kognitivem Anregungsgehalt wie beispielsweise die Wiedergabe des Inhalts eines klassischen Romans oder einer bestimmten mathematischen Formel nicht ganz leicht zu beantworten sind und als eher schwierig und mühsam empfunden werden. Trotzdem werden durch diese Lernhandlungen in der Regel keine besonders tiefgreifenden Denkprozesse ausgelöst. Gleiches gilt für Aufgabenstellungen, die das praktische Handeln der Lernenden in den Vordergrund stellen – etwa in Stationen- oder Werkstattarbeit – oder die Lernenden ganz offensichtlich aktivieren – etwa bei bestimmten Gruppenarbeiten. Obgleich sich die Lernenden recht aktiv verhalten, ist die kognitive Aktivität in diesen Fällen nicht zwangsläufig hoch.

Studien zum **Aktivierungspotenzial von Aufgaben** liegen nur vereinzelt vor. Im Rahmen des Forschungsprogramms COACTIV konnte beispielsweise gezeigt werden, dass die im deutschen Mathematikunterricht (9. bzw. 10. Jahrgangsstufe) verwendeten Aufgaben mentale Prozesse nur wenig stimulieren. „Die Analysen zeigten ein nur niedriges durch die Aufgaben vermitteltes kognitives Aktivierungspotenzial. Die eingesetzten Aufgaben sind zudem darin sehr homogen. Die Schulformen unterscheiden sich zwar substanziell, doch auf einem insgesamt sehr niedrigen Niveau."[17] Doch selbst wenn die Aufgaben ein gewisses Anregungspotenzial aufweisen, ist damit noch nicht sichergestellt, dass es im Unterricht auch ausgeschöpft wird. Wie beispielsweise Analysen aus der TIMSS-Videostudie – ebenfalls für den deutschen Mathematikunterricht – zeigen, werden durchaus auch komplexe und herausfordernde Aufgaben gestellt, die dann aber von den Lehrkräften oft in kleinere, meist triviale Teilaufgaben portioniert werden.[18] Diese kleinschrittige Vorgehensweise steht einem eigenständigen und gleichsam anspruchsvollen Lösungsprozess der Schülerinnen und Schüler häufig im Wege (→ Zitat 2).

Zitat 2: Andreas Gold (2015): Fragen und Aufgaben

„Im Wesentlichen sind die vermeintlich kognitiv aktivierenden Verhaltensweisen solche, die mit der Art und dem Niveau der Fragen und Aufgaben zu tun haben, welche die Lehrer stellen, und mit der Art und Weise, wie sie die Lerner diese Aufgaben lösen lassen."[19]

Der kognitive Anregungsgehalt einer Aufgabe konkretisiert sich in den **angeleiteten Verarbeitungsprozessen** der Lernenden. Im besten Falle sind diese Verarbeitungsprozesse gerichtet, das heißt, sie wirken im Sinne von **Aneignungshandlungen** und befördern das Verstehen und Memorieren der jeweiligen Inhalte. Derlei Aneignungshandlungen lassen sich danach systematisieren, wie hoch bzw. intensiv die Aktivierung der Lernenden ist (→ Abb. 8; als Mini-Aufgabe → Abb. 9). In der Regel korrelieren die intendierte Aktivierung und die Vorgaben, die im Rahmen der Aufgabenstellung gemacht werden, miteinander: je höher die Vorgaben, desto geringer die Aktivierung.

Mathematische Konzepte: Konkretisierung und Abgrenzung

Vorgaben gering ↓ hoch — **Aktivierung** hoch ↓ gering

- Ein mathematisches Konzept anwenden: „Finde Beispiele und Gegenbeispiele und erkläre, wieso sie (nicht) passen."
- Identifizieren des Konzepts: „Welches dieser Beispiele passt zum Konzept bzw. zum Satz, welches nicht? Wieso?"
- Für gegebene Beispiele Passung bzw. Nichtpassung begründen: „Inwiefern ist dies ein Beispiel bzw. Gegenbeispiel?"

Abb. 8: Aneignungshandlungen – Beispiel: mathematische Konzepte[20]

Ordne die folgenden Lernhandlungen nach der angeregten Intensität bzw. Tiefe der Verarbeitung (beginndend bei sehr intensiv).

Für gegebene Beispiele Passung bzw. Nichtpassung begründen: „Inwiefern ist dies ein Beispiel bzw. Gegenbeispiel?"

Identifizieren des Konzepts: „Welches dieser Beispiele passt zum Konzept bzw. zum Satz, welches nicht? Wieso?"

Ein mathematisches Konzept anwenden: „Finde Beispiele und Gegenbeispiele und erkläre, wieso sie (nicht) passen."

Abb. 9: Mini-Aufgabe (Reihung), Aneignungshandlungen

Das **kognitive Aktivierungspotenzial** spielt auch bei den Mini-Aufgaben eine bedeutende Rolle. Ein eher hohes Potenzial zur kognitiven Aktivierung haben beispielsweise Aufgaben,

- die nicht einfach durch abrufbares Wissen beantwortet werden können, sondern einen (zeitlich eng begrenzten) Problemlöseprozess erfordern;
- die es erfordern, bekannte Sachverhalte auf neue Fälle oder Situationen anzuwenden;
- zu deren Lösung bereits vorhandene Konzepte nicht ausreichen und die erweitert werden müssen;
- die einen kognitiven Konflikt auslösen.[21]

An dieser Stelle könnte das Missverständnis auftreten, dass kognitiv anregende Aufgaben stets auch recht umfänglich sein müssen, um eine gewisse Aufgabenkomplexität sicherzustellen. Doch arbeits- und zeitmäßig umfangreiche Aufgaben sind keineswegs ein Garant für intensive Verarbeitungsprozesse. Grundsätzlich lassen sich mit unterschiedlichen Zeitbudgets und Arbeitsumfängen jeweils gute Aufgaben gestalten, die über den angestoßenen Verarbeitungsprozess auch die Aneignung und das Verstehen der jeweiligen Lerninhalte unterstützen. Möglicherweise ist es aber besonders herausfordernd, eine lernseitig sinnvolle Mini-Aufgabe zu entwickeln, die den Aneignungs- bzw. Verstehensprozess gewissermaßen „konzentriert".

Aufgaben stimulieren Aneignungshandlungen und leiten diese an; im besten Falle befördern sie das Verstehen und Vernetzen der jeweiligen Inhalte. Aus diesem Grund kann es für Lehrpersonen hilfreich sein, sich das **eigene Aufgabenrepertoire** zu vergegenwärtigen. Dies lässt sich beispielsweise mithilfe einer Darstellung angehen, in der der Schwierigkeitsgrad einer Aufgabe im Verhältnis zu den kognitiven Anforderungen eingetragen wird, und zwar so, wie er sich für eine bestimmte Lehrperson darstellt (→ Abb. 10).

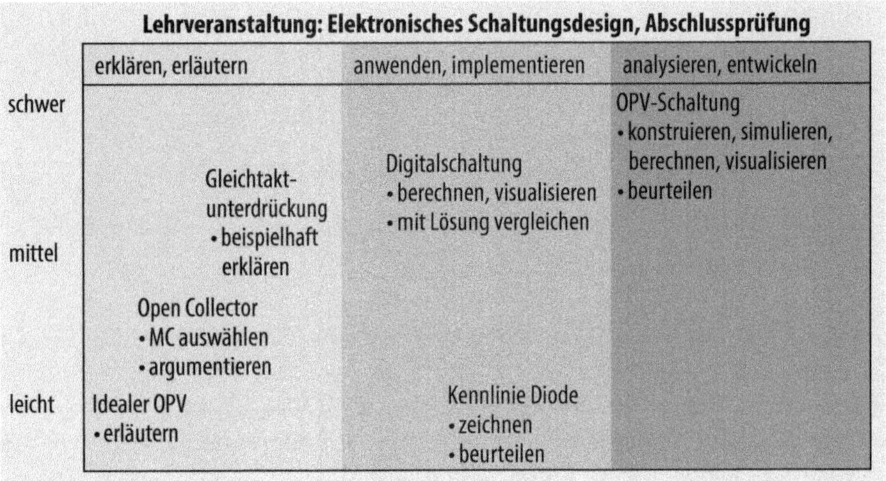

Abb. 10: Aufgabenrepertoire: „meine" Aufgabenstellungen

Eine derartige Darstellung kann etwa aufzeigen,

- welche kognitiven Anforderungen besonders häufig und welche eher selten angesteuert werden;
- wie sich der Zusammenhang zwischen Schwierigkeitsgrad und kognitiver Anforderung darstellt, das heißt beispielsweise, ob die Lernaktivitäten „erklären" und „erläutern" oftmals nur einen geringen Schwierigkeitsgrad aufweisen;
- wie der Schwierigkeitsgrad innerhalb eines Segmentes von Lernaktivitäten streut, das heißt beispielsweise, ob es sowohl leichte als auch schwierige Aufgaben in einem bestimmten Segment (z. B. anwenden und implementieren) gibt.

Grundsätzlich gilt hier, dass es oft sinnvoll sein kann, das eigene unterrichtliche Vorgehen – hier: die **Präferenzen bei den Aufgabenstellungen** – sichtbar zu machen, sodass es besprochen werden kann. Erst wenn die eigene Vorgehensweise in einer Art Übersichtsstruktur transparent gemacht wird, ist sie der Diskussion und Reflexion zugänglich. Sinnvolle Überlegungen wären etwa:

- Welche Schwerpunkte gibt es bei meinen Aufgabenstellungen, und warum gibt es diese Schwerpunktbildung?
- Wie stehe ich im Vergleich zu den Kolleginnen und Kollegen da, was machen sie ähnlich, was anders, und warum ist das so?

- Wo könnte ich mit Blick auf die Zielgruppe und das Ziel des Lehr-/Lernprozesses noch Ergänzungen, Adaptionen usw. vornehmen?

Diese Überlegungen hinsichtlich der individuellen Präferenzen bei den Aufgabenstellungen haben orientierenden Charakter. Sie können dazu beitragen, die individuellen Aufgabenrepertoires sichtbar zu machen, und laden dazu ein, den Vergleich mit anderen Lehrpersonen ein- und desselben Lehrfachs anzustellen. Zudem zeigen sie „Aufgabenlücken“ auf, das heißt Schwierigkeitsgrade und kognitive Anforderungen, die noch nicht oder nur in geringem Maße Gegenstand des Unterrichts waren.

1.4 Fokus 1: das Wesentliche

Der bislang noch etwas formale Rahmen der Mini-Aufgaben umreißt zwei zentrale Merkmale solcher Aufgabenstellungen: erstens die möglichst umfassende Aktivierung der Lernenden und zweitens die vergleichsweise eher kurze Zeitspanne. Mit den Mini-Aufgaben wird aber – ganz im Sinne der kognitiven Aktivierung – nicht nur beabsichtigt, „irgendwelche“ Aktivitäten oder Denkprozesse anzuregen, sondern auch **inhaltliche Schwerpunkte** zu setzen, Wesentliches herauszuarbeiten und dabei im besten Falle das Verständnis der Lernenden zu verbessern.

Mit dieser Ausrichtung beschreibt man die doppelte Herausforderung, vor der Lehrpersonen stehen, nämlich einerseits dem **Anspruch der jeweiligen Sache** gerecht zu werden und andererseits den **Anspruch der Lernenden** zu bedienen (→ Zitat 3). Entsprechend dieser Überlegung berücksichtigen Lehrpersonen bei der Entwicklung und Auswahl von Mini-Aufgaben sowohl die Lernenden mit ihren individuellen Bedürfnissen, Grenzen und Kompetenzen in Bezug auf den jeweiligen Sachverhalt als auch diesen Sachverhalt mit dem jeweiligen Sachanspruch gegenüber den ihnen anvertrauten Lernenden und den Möglichkeiten, den Inhalt zugleich sachgerecht und verstehensorientiert in den Unterricht einzubinden.

Zitat 3: Lothar Klingberg (1974) : Die doppelte Verbindlichkeit

„Hieraus ergibt sich (…) die doppelte Verbindlichkeit der didaktischen Fragestellung: einmal gegenüber der ‚Sache', dem zu vermittelnden Gegenstand, Inhalt oder Lehrstoff – das ist der logische Aspekt des Didaktischen – und zum anderen gegenüber dem heranwachsenden Menschen, seinen Entwicklungsbedingungen, seiner Individualität – das ist der psychologische und ethische Aspekt der didaktischen Fragestellung.“[22]

Diese didaktischen Überlegungen zur „doppelten Verbindlichkeit" finden eine Parallele in den pädagogisch-psychologischen Überlegungen von Alexander RENKL, der idealtypisch drei Perspektiven der Verarbeitung voneinander unterscheidet:

- Perspektive des **aktiven Tuns**: Die Annahme, dass mehr offene Aktivität zu mehr mentaler Aktivität und Wissenskonstruktion führt, lässt sich kaum bestätigen. So gibt es Studien zum Lösungsbeispieleffekt, in denen gezeigt werden konnte, „dass zu Beginn des Erwerbs einer kognitiven Fertigkeit aktives Problemlösen, selbst wenn es gut unterstützt wird, weniger Verstehen und Lernen fördert als das Studium von ausgearbeiteten Beispielen."[23] Die Überlegungen zur Aktivität bei Gruppenarbeiten oder Schülerexperimenten (→ Kap. 1.2) weisen in eine ähnliche Richtung.
- Perspektive der **aktiven Verarbeitung**: Auch die Annahme, dass eine möglichst intensive Auseinandersetzung mit dem Lernstoff zwangsläufig zu gutem Lernerfolg führt, lässt sich so nicht aufrechterhalten. In Studien konnte gezeigt werden, dass das Erlernen von mathematischen Beweisheuristiken durch geeignete Leitfragen befördert wurde, die zum Nachvollziehen der Lösungsschritte anregten, während sich hingegen auszufüllende Lücken in den Lösungsbeispielen als weniger lernförderlich herausstellten. „Es geht also nicht darum, möglichst viele Anregungen zur aktiven Verarbeitung zu geben, sondern die Lernenden auf das zu fokussieren, was ‚im Kern' gelernt werden sollte (hier: Finden und Überprüfen von Beweisideen)."[24]
- Perspektive der **fokussierten Verarbeitung**: Es wird zu Recht postuliert, dass die Verarbeitung sich auf die zentralen Konzepte und Prinzipien konzentrieren sollte, da insbesondere die menschlichen Informationsverarbeitungsressourcen recht begrenzt sind. „Deshalb sind Lernprozesse auch sehr störanfällig, wenn – etwas metaphorisch gesprochen – Aufmerksamkeitsressourcen für nicht Zentrales verschwendet werden. (…) Das beispielbasierte Lernen erweist sich typischerweise zu Beginn des Erwerbs prinzipienbasierter Fertigkeiten deshalb als überlegen, weil durch die Aufforderungen zum Selbsterklären die Aufmerksamkeit der Lernenden auf die Prinzipien des Gegenstandsbereiches gelenkt wird. Werden die Lernenden hingegen ‚zu früh', d. h. bevor sie die Prinzipien verstanden haben, mit Problemlöseanforderungen konfrontiert, ist ihr primäres Ziel, sich irgendwie zur Lösung der Aufgaben ‚durchzuwurschteln', was sehr oft über den Einsatz oberflächlicher Strategien verfolgt wird (z. B. Anwendung einer ‚naheliegenden' Formel …)."[25]

Die doppelte Herausforderung, vor der Lehrpersonen stehen – nämlich einerseits dem Anspruch der jeweiligen Sache gerecht zu werden und andererseits den Anspruch der Lernenden zu bedienen –, lässt sich also nicht nur bildungstheoretisch begründen, sondern auch lern- und gedächtnispsychologisch stützen. Kurz zusammengefasst: **Eine allgemeine Aktivierung der Lernenden ist gut, eine kognitive Aktivierung ist besser, und eine auf die wesentlichen Aspekte der Sache gerichtete Aktivierung ist besonders sinnvoll.** Diese Überlegungen stützen also ein sach- bzw. inhaltsbezogenes Vorgehen bei der Auswahl und dem Arrangement der Lernaktivitäten; zudem erweisen sich die fokussierten kognitiven Aktivitäten geradezu als Verbindungsglied zwischen den beiden Perspektiven „Sache“ und „Lernende“.

In diesem Sinne darf man auch Benjamin FAUTH verstehen, der einen kognitiv aktivierenden Unterricht als in dreifacher Weise gekennzeichnet sieht, und zwar durch

- „die Fokussierung der kognitiven Aktivitäten auf die Lernziele, insbesondere auf die zentralen Verstehenselemente (das ‚Wohin‘);
- den Anschluss an das bestehende Schülerdenken, also das Vorwissen aus Unterricht und Alltag (das ‚Woher‘);
- das Anregen und Aufrechterhalten von anspruchsvollen kognitiven Prozessen, z. B. durch Erklären oder Verknüpfen (das ‚Wie‘)“[26].

Abb. 11 zeigt die Notwendigkeit der genannten Kennzeichen. Aufgaben sind im besten Fall **anschlussfähig, kognitiv aktivierend und auf wesentliche Aspekte der Sache gerichtet**. Sie tragen also dazu bei, gleichsam die Sache und die Lernenden in den Blick zu nehmen, und zwar in einer aktivierenden Weise, die dieser „doppelten Verbindlichkeit“ Rechnung trägt.

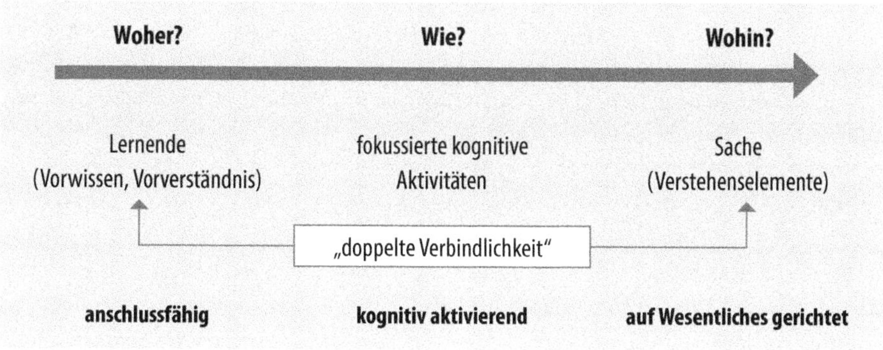

Abb. 11: Die „doppelte Verbindlichkeit“ von Aufgaben

Diese **„doppelte Verbindlichkeit"** ist allerdings keinesfalls selbstverständlich. In der unterrichtlichen Praxis scheint – jedenfalls im schulischen Bereich – eine auf wesentliche inhaltliche Aspekte fokussierte kognitive Aktivierung eher nur gelegentlich stattzufinden. Obgleich für den deutschsprachigen Unterricht nur einzelne empirische Untersuchungen vorliegen, weiß man etwa für das Fach Mathematik, „dass der Anteil kognitiv aktivierender Aufgaben im Unterricht und in Klassenarbeiten erschreckend gering ausfällt. Internationale Videostudien zeigen, dass Aufgaben oft reduziert eingesetzt werden, also aus Problemlöseaufgaben Routineaufgaben werden. Bekannt ist auch, dass Lernende bei der Bearbeitung von Aufgaben zu Oberflächenstrategien neigen und so das Angebot der kognitiven Aktivierung nicht nutzen."[27]

Auch die eher konzeptuellen Zugänge zu unterrichtlichen Aufgaben berücksichtigen die drei genannten Herangehensweisen – anschlussfähig, kognitiv aktivierend und auf wesentliche Aspekte der Sache gerichtet – nur teilweise. So gibt es etwa ein – am Unterrichtsfach Mathematik ausgeführtes – „Modell zur Analyse der Qualität von Aufgaben aus didaktischer und fachlicher Sicht" (→ Infotafel 1), das die Lernenden durchaus stark fokussiert (Ansprache eines Bedürfnisses, Chance auf Bewältigung, Förderung genereller intellektueller Fähigkeiten und Förderung von Problemlösefähigkeit), dabei auch lernprozessbezogene Aspekte betrachtet (Erfordernis sozialer Interaktionen, Repräsentation einer authentischen Situation, Potenzial zur inneren Differenzierung), doch hinsichtlich der Sachaspekte (exemplarische Erschließung eines gesellschaftlich relevanten Bildungsinhaltes) eher verhalten bleibt. Die Frage nach den zentralen Verstehenselementen wird kaum gestellt – jedenfalls nicht explizit –, und so bleiben die Merkmale einer hohen Aufgabenqualität doch recht formal.

Aufgaben im Allgemeinen und Mini-Aufgaben im Speziellen sind jedoch darauf angewiesen, dass die kognitiven Aktivitäten auf die zentralen Verstehenselemente des jeweiligen Lerngegenstandes gerichtet sind. Es erscheint geradezu fahrlässig, davon auszugehen, dass der inhaltliche Kern einer Aufgabe „eh klar" sei und sich quasi automatisch aus dem Thema oder dem „durchgenommenen Stoff" erschließe. Wer lernwirksame Aufgaben erstellen will, der muss auch **das für die jeweilige Zielgruppe Wesentliche** herausarbeiten und die für dessen Darstellung **notwendigen Verstehenselemente** zusammentragen. Diese Überlegungen sind auch deshalb nicht trivial, weil unterschiedliche Lehrpersonen manchmal recht unterschiedliche Vorstellungen davon haben, welche Aspekte eines Lerngegenstandes zentral und wesentlich für das Erreichen der Lernergebnisse sind. Bei der Entwicklung von guten Mini-Aufgaben sind daher Überlegungen hilfreich, die im Großen wie im Kleinen den Fokus auf das jeweils Wesentliche richten.

Infotafel 1: Didaktische und fachliche Merkmale hoher Aufgabenqualität (Blömeke et al.)

- exemplarische Erschließung eines gesellschaftlich relevanten Bildungsinhaltes, z. B. Thematisierung einer gesellschaftlich relevanten Grundfrage
- Ansprache eines Bedürfnisses der Schülerinnen und Schüler
- Förderung genereller intellektueller Fähigkeiten
- Neuigkeitswert in Bezug auf den bereichsspezifischen Wissens- und Erfahrungsstand
- Chance auf Bewältigung, z. B. Grad an Bekanntheit des bereichsspezifischen Inhalts sowie sprachliche Komplexität der Aufgabenstellung
- Potenzial zur inneren Differenzierung, z. B. Möglichkeit der Bearbeitung auf unterschiedlichem kognitivem Niveau, in unterschiedlicher Tiefe, in unterschiedlichem Umfang
- Repräsentation einer authentischen Situation
- Förderung von Problemlösefähigkeit, z. B. Offenheit der Ausgangs- bzw. Zielsituation sowie Zahl der möglichen Lösungswege
- Erfordernis sozialer Interaktionen, z. B. Erfordernis von Gruppen- oder Partnerarbeit[28]

1.5 Fokus 2: Verstehen

„Verstehen" bezeichnet in einem didaktischen Zusammenhang das Begreifen und Erfassen einer Sache bzw. eines Sachverhalts. Dieser Vorgang respektive sein Ergebnis spiegeln sich darin wider, dass die Lernenden etwas wissen oder können. Dabei gibt es einen engen **Zusammenhang von Verstehen und Erklären**: Einerseits entwickelt sich das Verstehen aus einem Erklären, womit die unterrichtliche Fremderklärung genauso gemeint ist wie die gelungene Selbsterklärung. Andererseits versetzt Verstehen die Lernenden auch in die Lage, selbst Erklärungen geben zu können, die im besten Fall ein erweitertes eigenes Verstehen oder ein Verstehen anderer Personen unterstützen (→ Abb. 12).

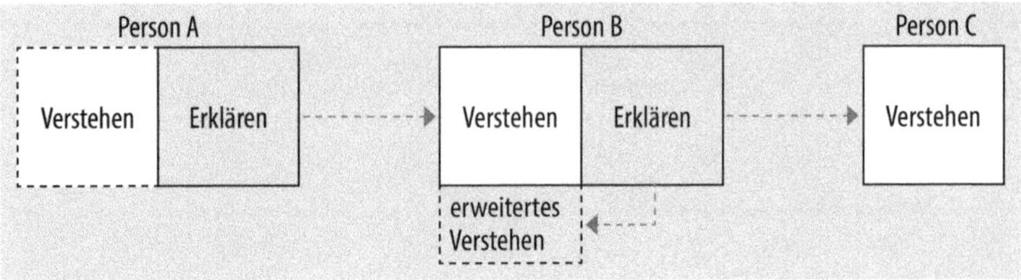

Abb. 12: Erklären und Verstehen[29]

Obgleich es durchaus nicht ganz einfach ist, den Begriff des Verstehens präzise zu fassen, lassen sich doch einige Merkmale des Verstehens festhalten:

- **Integration in das vorhandene Wissen:** Verstehen bedeutet, dass sich die Wahrnehmung eines Sachverhalts auf eine Weise vollzieht, bei der sich das Neue stimmig in das vorhandene Wissen einfügt. Dieser aktive Konstruktionsprozess schafft Verknüpfungen zwischen Bekanntem und Neuem und erweitert damit die individuellen Deutungsmuster der betreffenden Person. Gelingt das Verstehen, lassen sich Sachverhalte aus eigener Kraft nachvollziehen. Zudem bewähren sich die Deutungsmuster auch im Umgang mit den Deutungsversuchen anderer Menschen, das heißt, sie entwickeln sich zumindest in Richtung intersubjektiv nachvollziehbarer Interpretationen.
- **Erweiterter Verstehensbereich:** Dem Verstehen haftet immer etwas Ganzheitliches an. Wenn jemand etwas punktuell versteht, dann gibt es auch einen erweiterten Verstehensbereich um diesen Punkt herum (→ Abb. 13). Insbesondere bei allen Formen der Anwendung und des Transfers wird dieser Bereich angesprochen.
- **Bezug auf einen Maßstab:** Das Verb „verstehen“ bezeichnet in der Regel etwas Gelungenes, das heißt, ohne besonderen Zusatz meint „verstehen“ stets so etwas wie „richtig verstehen“.[30] Demzufolge wäre es ohne Bezug auf einen Maßstab des Verstehens – in der Regel Wahrheit, Richtigkeit oder Bewährtheit – wenig sinnvoll, von Verstehen und Einsicht zu sprechen. Dabei ist aber zu bedenken, dass Aussagen auch unabhängig von ihrer Wahrheit oder Falschheit verstanden werden können.
- **Produkte des Verstehens:** Verstehen hat eine Prozess- und eine Produktkomponente. Während der Prozess auf die kognitive (und emotionale) Auseinandersetzung mit bestimmten Verstehenselementen gerichtet ist, werden Deutungsmuster unterschiedlicher Art (Beispiel → Infotafel 2) hervorgebracht. Dabei kann es sich um Konzepte, Vorgehensmodelle (= Rezepte), Ein-/Zuordnungen oder Strukturen handeln.

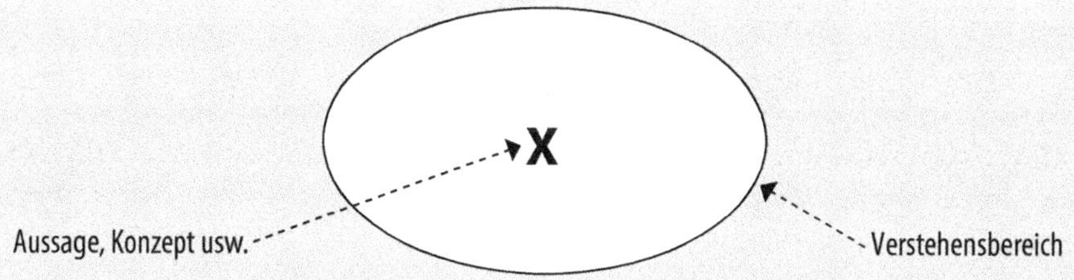

Abb. 13: Punktuelles Verstehen und Verstehensbereich

Infotafel 2: Ergebnisse von Verstehen (Beispiel: Mathematik)

Nach Gerald WITTMANN lassen sich in der Mathematik folgende Komponenten von Verstehensprodukten unterscheiden:

- „Eine konzeptuelle Komponente, die sich auf das Erklären, Erläutern oder Definieren mathematischer Begriffe bezieht,
- eine prozedurale Komponente, die sich auf die Beschreibung oder das Ausführen mathematischer Verfahren oder Algorithmen bezieht,
- eine relationale Komponente, die Beziehungen zwischen mathematischen Begriffen betrifft,
- eine argumentative Komponente, die das Ableiten, Begründen und Beweisen mathematischer Aussagen oder das Schlussfolgern (induktiv oder deduktiv) und das logische Ordnen (lokal oder global) betrifft,
- eine elaborative Komponente, die das Lösen mathematischer Probleme und damit zusammenhängende Aktivitäten wie Mathematisieren, Entwickeln von Lösungsplänen oder Umstrukturieren betrifft,
- eine reflexive Komponente, die nicht mathematische Sachverhalte selbst darstellt, sondern sich aus einer Meta-Ebene auf diese bezieht und damit insbesondere auch die affektiven Anteile des Verstehens umfasst; es kann sich beispielsweise um persönliche Einschätzungen, Beurteilungen oder Evaluierungen und Einstellungen handeln."[31]

In vielen Fächern nimmt das Ziel, „Verstehen" zu fördern, einen zentralen Stellenwert ein. Häufig wird sogar – in Anlehnung an Martin WAGENSCHEIN – ein „Vorrang des Verstehens vor aller Wissensanhäufung"[32] postuliert. Verstehen ist der Gegenentwurf zu angelerntem, auf bloße Reproduktion ausgerichtetem und nicht aktiv nachvollzogenem Wissen; solches Wissen bleibt für die Lernenden fremd, es offenbart sich – wieder WAGENSCHEIN – als „leeres Gerede"[33]. Zudem bleibt dieses Wissen „träge", weil es außerhalb eines engen Kontextes nicht verfügbar ist. Der „Vorrang des Verstehens vor aller Wissensanhäufung" darf allerdings nicht in dem

Sinne missverstanden werden, dass Wissen mehr oder weniger überflüssig sei. Für den Verstehensprozess ist sehr wohl ad hoc verfügbares, sozusagen **automatisiertes bzw. routinisiertes Wissen** erforderlich; anderenfalls würde die gesamte Aufmerksamkeit von elementaren Prozessen – der Worterkennung beim Lesen, dem Beherrschen des Einmaleins – absorbiert, sodass für das Herstellen von Sinnzusammenhängen wenig Aufmerksamkeit übrig bliebe.

Der Philosoph Karl POPPER spricht von einem „Scheinwerfermodell des menschlichen Geistes“ und meint damit, dass Menschen nur jene Aspekte der Welt zu Gesicht bekommen, auf die sie ihre „Scheinwerfer“, das heißt ihre Begriffe, Modelle und Vorstellungen, richten. Was nicht angeleuchtet wird, bleibt im Dunkeln.[34] Wer über ein bestimmtes Wissen – dazu gehören faktische Details genauso wie Definitionen oder Modelle – verfügt, der kann weitergehende Informationen ableiten bzw. rekonstruieren. Im Folgenden seien ein paar typische Beispiele aufgeführt.

- **Chemie:** Wenn man weiß, dass sich die Stoffgruppe der Alkohole durch eine oder mehrere sogenannte Hydroxygruppen (–OH) auszeichnet, kann man einwertige (z. B. Ethanol) und mehrwertige (z. B. Propan-1,2-diol) Alkohole anhand ihrer Strukturformel identifizieren.
- **Stochastik:** Wer die Gauß'sche Normalverteilung mit ihren wichtigsten Parametern (Mittelwert, Standardabweichung) kennt, der weiß, dass sich etwa 68 Prozent aller Messwerte eine Standardabweichung und etwa 95 Prozent aller Messwerte zwei Standardabweichungen oberhalb oder unterhalb des Mittelwertes befinden. Das Wissen über diese Wahrscheinlichkeitsverteilung erlaubt die Interpretation von Messergebnissen.
- **Architektur:** Nur wenn man etwas von Architekturgeschichte versteht, „sieht“ man bei einem Stadtrundgang in einer historischen Altstadt die verschiedenen Epochen und „sortiert“ die Häuser in verschiedene Baustile ein.
- **Medizin:** Nur wenn man die typischen Symptome der Hand-Fuß-Mund-Krankheit kennt – u. a. sind dies hohes Fieber, eine bestimmte Art von Bläschenbildung an Händen und Füßen sowie Ausschlag im Mundbereich –, kann man diese Krankheit auch diagnostizieren.

Auf einen Aspekt des sogenannten Auswendiglernens, das oft mit mechanischer Reproduktion gleichgesetzt wird, hat auch George STEINER hingewiesen: „Das deutsche Wort ‚auswendig‘ verfehlt die ganze Pointe. Man sagt auf Englisch ‚by heart‘, mit dem Herzen, man sagt in Französisch ‚par coeur‘, mit dem Herzen – nicht mit dem Gehirn. Was man auswendig lernt, liebt man. Es wird Teil unser selbst.“[35] Dadurch, dass man etwas auswendig lernt, erweitert man sein Wissen und damit die

Möglichkeit, bestimmte Sachverhalte wahrzunehmen und zu erfassen, aber auch sich an weitergehende Aspekte zu erinnern bzw. diese zu rekonstruieren.

Auswendiglernen und Verstehen sind also nur dann wirkliche Gegensätze, wenn das Erstere auf (im negativen Sinne) oberflächenorientiertes Lernen, also oberflächliches Lernen reduziert würde (→ Infotafel 3). In diesem Falle entspräche Lernen einer Konsumhaltung, die auf die bloße Reproduktion von Fakten setzt und dabei auf eher Oberflächliches wie z. B. Schlagwörter zugreift. Sofern auswendig gelernte und damit ad hoc verfügbare Begriffe, Modelle und Konzepte den Zugriff auf weitergehende Sachverhalte, Aufgaben und Konzepte ermöglichen, besteht ein nützlicher Zusammenhang zwischen Auswendiglernen und Verstehen.

Infotafel 3: „Surface approach" vs. „Deep approach" (nach Ference Marton & Roger Saljö)

Ein Lerngegenstand bzw. eine Lernaufgabe lässt sich auf unterschiedliche Weise angehen:

- „Surface approach": Das Ziel besteht darin, den Stoff auswendig zu lernen. Merkmale: Wiederholungen (häufig massiert), „data-reproducing".
- „Deep approach": Das Ziel besteht im Verständnis des Lehrstoffs. Merkmale: Herstellen von Zusammenhängen, Aufzeigen von Verbindungen zwischen den verschiedenen Aspekten, „knowledge-making".

Je nach Einschätzung der Lern- oder Prüfungssituation wechseln Studierende zwischen „surface approach" und „deep approach". Ein solcher Wechsel kann sogar noch direkt beim Lernen geschehen: Wenn beispielsweise der Lernstoff als zu schwierig empfunden wird oder das verbleibende Zeitbudget äußerst gering ist, kann ein Wechsel vom „deep approach" zum „surface approach" erfolgen. Demzufolge beschreiben die beiden Zugangsweisen auch nur das punktuelle Lernverhalten von Personen, keinesfalls aber deren grundsätzliche persönliche Herangehensweise, was auch empirisch gezeigt werden konnte.[36]

Wenn eine Lehrperson feststellen möchte, ob die Lernenden etwas „verstanden" haben, kann sie sich an den folgenden **Fragen in Hinblick auf ihre Lerngruppe** grob orientieren:

- Erkennen die Lernenden, was am Lernstoff bzw. im Unterricht wichtig ist?
- Erkennen die Lernenden, welche zentralen Botschaften im Text oder in den anderen Unterlagen enthalten sind?
- Verstehen die Lernenden, was der Text oder die Aufgabe ihnen abverlangt?[37]

Durchaus naheliegend ist es auch, sich an einer kognitiven Lernzieltaxonomie zu orientieren. Die wohl bekannteste diesbezügliche Taxonomie nach Benjamin Bloom (erstmalig 1956 veröffentlicht und u. a. von David Krathwol und Lorin

Anderson weiterentwickelt → Abb. 14) führt als zweite von sechs Stufen das „Verstehen“ an. Demzufolge findet Verstehen beispielsweise dann statt, wenn jemand in der Lage ist, bestimmte Beobachtungen sinnvoll zu klassifizieren oder wichtige Ereignisse kontextbezogen zu erklären. Zu diesem Zwecke muss dem Wissen eine Bedeutung zugewiesen werden und es muss mit dem Vorwissen und Vorverständnis verknüpft und in Einklang gebracht werden.

Stufe	Kognitiver Prozess
1. Erinnern (Wissen): auf relevantes Wissen im Langzeitgedächtnis zugreifen	Erkennen Erinnern
2. Verstehen: mündlichen, schriftlichen oder grafischen Informationen in der Lerneinheit Bedeutung zuordnen	Interpretieren Veranschaulichen Klassifizieren Zusammenfassen Folgern Vergleichen Erklären
3. Anwenden: einen Handlungsablauf (z.B. Schema) in einer bestimmten Situation ausführen	Ausführen Implementieren
4. Analysieren: Lerninhalte in ihre konstruierten Elemente zerlegen und bestimmen, wie diese untereinander zu einer übergreifenden Struktur oder einem übergreifenden Zweck verbunden sind	Differenzieren Organisieren Zuordnen
5. Beurteilen: Urteile aufgrund von Kriterien und Standards abgeben	Überprüfen Bewerten
6. (Er-)Schaffen: Elemente zu einem kohärenten oder funktionierenden Ganzen zusammensetzen; Elemente zu einem neuen Muster oder einer neuen Struktur zusammenfügen	Generieren Planen Entwickeln

Abb. 14: Kognitive Lernzieltaxonomie, leicht modifiziert nach Bloom und Anderson/Krathwol[38]

Verstehen ist dabei allerdings auch oftmals auf den weiteren Stufen (Anwenden, Analysieren, Beurteilen, Erschaffen) erforderlich. So unterscheidet sich beispielsweise das **verstehensorientierte Anwenden** von einem rein mechanischen Anwenden vielfach dadurch, dass die Voraussetzungen der Anwendung angemessen berücksichtigt und die einzelnen Anwendungsschritte im Ganzen stimmig sowie dem Gegenstand der Anwendung entsprechend umgesetzt werden. Insbesondere bei mündlichen Leistungsfeststellungen kann das Verstehen eine große Rolle spielen, auch wenn es vorrangig um ein Anwenden oder Analysieren geht. Abb. 15 zeigt Aufgabenstellungen, die allesamt auch auf das Verstehen des jeweiligen Sachverhalts abzielen.

„Wissen erklären und erläutern"
Fokus: Begriffe, Fakten, Vorgehensweisen, Modelle, Konzepte
- „Erkläre den Zusammenhang zwischen A und B."
- „Begründe die Verwendung von C."

„Wissen anwenden und umsetzen"
Fokus: Fälle, Situationen, Probleme
- „Übertrage den Ansatz D auf die Situation E."
- „Beschreibe eine Situation, welche die Prinzipien von F anschaulich macht."

„Wissen analysieren und entwickeln"
Fokus: Vergleiche, Analysen, Bewertungen, konzeptionelle Innovationen
- „Vergleiche die beiden Ansätze hinsichtlich ihrer Konsequenzen für G."
- „Analysiere den Ansatz H in Hinblick auf J. Welche Möglichkeiten der Weiterentwicklung siehst du?"
- „Erfinde einen Fall, der beschreibt, was passieren würde, wenn K eintritt."

Abb. 15: Aufgaben mit Verstehensorientierung

Für Mini-Aufgaben bedeutet dies, dass die Möglichkeiten des Verstehens jeweils zu prüfen bzw. auszuloten sind. Das Beispiel der erwärmten Metallplatte mit Loch (→ Kap. 1.1, → Abb. 1) zeigt, dass mit relativ geringem Zeitbudget sehr wohl ein Verstehen eingefordert werden kann. Man kann zwar formal wissen, dass sich Metalle grundsätzlich in alle Richtungen ausdehnen, aber erst die konkrete Anwendung bringt zutage, ob das dafür erforderliche Verständnis auch tatsächlich vorhanden ist und situativ eingebracht werden kann. Das **Verstehen „versteckt" sich oft in einer anderen Lerntätigkeit**: dem Anwenden, dem Hinterfragen, dem Unterscheiden, dem Strukturieren usw. Von daher ist der Blick auf die möglichen Lernhandlungen (→ Kap. 2.2) angeraten und die Frage sinnvoll, auf welche Weise in diese Lernhandlung auch ein Verstehen eingebracht werden kann. Erst dann erschließt sich der Weg zu einer guten Mini-Aufgabe.

2 Mini-Aufgaben erstellen

Inhalt

Zusammenfassung

Die Entwicklung von Mini-Aufgaben (2.1) geschieht in zwei Schritten: Zunächst werden die wesentlichen Verstehenselemente bestimmt, und daran anschließend wird eine passende Lernhandlung mit einem entsprechenden Aufgabenformat gewählt. Mini-Aufgaben kommen in unterschiedlichen Aufgabenformaten (2.2) zur Anwendung; in der Regel unterscheidet man eher geschlossene, halboffene oder offene Formate. Auch hinsichtlich des gewählten Frageformats (2.3) gibt es Differenzierungen, die etwa auf den Fragetypus, das Fragewort und die „Richtung" der Frage abzielen. Zur Entwicklung von Mini-Aufgaben kann es empfehlenswert sein, sich einiger adaptierter Kreativitätstechniken zu bedienen; beispielhaft genannt seien die Mini-Aufgaben-Matrix und die Reizaufgaben-Analyse (2.4). Hilfreich bei der Entwicklung von Mini-Aufgaben (2.5) ist dabei ein Hintergrundwissen um die Erscheinungsformen des Wesentlichen, die Vielfalt der Lernhandlungen sowie die dadurch möglichen Verarbeitungs- bzw. Aneignungsprozesse.

2.1 Vorgehen und erste Beispiele

Die Entwicklung von Mini-Aufgaben erfolgt in **zwei Schritten**:

1. Verstehenselemente ermitteln und Wesentliches festlegen
2. Lernhandlung bestimmen und Aufgabenformat wählen

Im ersten Schritt werden die für den jeweiligen Lerngegenstand erforderlichen Verstehenselemente ermittelt. Das sind jene inhaltlichen Elemente, die erforderlich sind, um einen Lerngegenstand in seiner Gesamtheit zu erfassen. Anschließend gilt es zu überlegen, welche der ermittelten Verstehenselemente mit Blick auf die Zielgruppe und das Ziel des Unterrichts besonders wesentlich sind. Im zweiten Schritt geht es dann darum, eine Lernhandlung zu bestimmen, die es den Lernenden erlaubt, sich mit dem jeweiligen Verstehenselement inhaltlich auseinanderzusetzen. Schließlich gilt es, dieses Verstehenselement mit der passenden Lernhandlung in ein konkretes Aufgabenformat zu überführen. Dabei ist – soweit möglich – auf die Kürze der Aufgabenstellung zu achten.

Bei der Entwicklung einer Mini-Aufgabe sind zwei Aspekte besonders bedeutsam, da sie möglicherweise von den täglichen Unterrichtsroutinen ein wenig abweichen: Zum einen adressieren Mini-Aufgaben ganz ausdrücklich **alle Lernenden** und fordern von jedem und jeder eine Beantwortung der Mini-Aufgabe ein. Zum anderen sind Mini-Aufgaben nicht zu verwechseln mit „Quizfragen", die sich weitgehend auf faktisches Wissen beziehen. Mini-Aufgaben versuchen, mehr oder minder ausgeprägt, **auf das Verständnis einer Sache abzuzielen** und das Nachdenken bzw. Reflektieren einzufordern.

Im Folgenden wird anhand von vier Beispielen (Lern-/Arbeitsmethodik, Mathematik, Englisch, Sport) gezeigt, auf welche Weise eine Mini-Aufgabe für einen bestimmten Lerngegenstand entwickelt werden kann.

Beispiel 1: Lern-/Arbeitsmethodik
Gerade das erste Beispiel kann ohne fachspezifische Vorkenntnisse erschlossen werden. Es geht dabei um den Prozess der Ideenfindung und die für diesen Zweck wahrscheinlich bekannteste Technik: das **Brainstorming**.

1. Schritt: Üblicherweise unterscheidet man verschiedene Prinzipien, welche die Durchführung eines Brainstormings anleiten. Diese sind in diesem Fall die Verstehenselemente:

- Kritik ist verboten! Keine „Killerphrasen" wie „Das haben wir noch nie so gemacht" verwenden, aber auch keine positiven Anmerkungen, da diese ebenfalls die Wahrnehmung der Ideensuchenden beeinflussen können.
- „Spinnen" ist erwünscht! Den Assoziationen freien Lauf lassen. Je „ver-rückter", ausgefallener, fantastischer, desto besser!
- Quantität vor Qualität! So viele Ideen wie möglich sammeln. Je mehr Ideen produziert werden, desto größer die Chance für eine geniale Lösung.
- Ideen „klauen" und weiterentwickeln! Brainstorming lebt von der Anregung durch andere Kreative. Es geht darum, die Ideen anderer aufzunehmen, zu überdenken und weiterzuentwickeln.

Soll nun eines dieser Verstehenselemente mit dem Prädikat „wesentlich" versehen werden, so bietet sich die Regel „Quantität vor Qualität!" an. Diese Regel kann tatsächlich helfen, eine neue Perspektive zu erschließen, da sie ausdrücklich darauf verweist, dass es im ersten Schritt eines Brainstormings nicht darum geht, „gute“ Ideen zu finden, sondern möglichst viele Ideen zusammenzutragen.

2. Schritt: Die als wesentlich ausgewiesene Leitlinie „Qualität vor Quantität“ soll den Lernenden nun zugänglich gemacht werden. Denkbar sind zum Beispiel die folgenden Lernhandlungen und Aufgabenformate:

- **Analogie finden:** Eine Analogie für die Maxime „Quantität vor Qualität!“ ist das Paar Künstler/-in und Richter/-in. Mit dieser Analogie wird darauf hingewiesen, dass zunächst und ausschließlich künstlerisch-kreativ agiert wird und erst anschließend eine Entscheidung für oder gegen bestimmte Lösungsalternativen fällt. Die Mini-Aufgabe könnte darin bestehen, eine passende Analogie für den Zweischritt Ideenfindung/Ideenauswahl auszuwählen (→ Abb. 16).
- **Argumentieren:** Hier soll begründet werden, warum die Maxime „Quantität vor Qualität!“ beim Brainstorming sinnvoll ist. Dies kann in offener Form (z. B. als Kurzantwort) erfolgen. Ein wichtiger Aspekt der Antwort ist beispielsweise die Funktion scheinbar wenig geeigneter Ideen: Auch wenn diese für die eigentliche Aufgabenstellung wenig hilfreich sind, können sie doch als Impulsgeber für weitere Ideen fungieren (→ Abb. 17).

Mit welcher Analogie lassen sich die Phasen der Ideenfindung und Ideenauswahl besonders gut abbilden?

(A) Künstler/-in – Richter/-in

(B) Träumer/-in – Controller/-in

(C) Drehbuchschreiber/-in – Produzent/-in

Abb. 16: Mini-Aufgabe – Beispiel: Brainstorming 1 (Auswahlaufgabe)

Erläutere kurz, warum beim systematischen Brainstorming die Maxime „Quantität vor Qualität!“ sinnvoll sein kann.

Abb. 17: Mini-Aufgabe – Beispiel: Brainstorming 2 (Kurzantwort)

Beispiel 2: Mathematik

Im zweiten Beispiel geht es um die Verstehenselemente, die den **Satz des Pythagoras** zugänglich machen sollen.

1. Schritt: Der Satz des Pythagoras umfasst verschiedene mathematische und geometrische Verstehenselemente. Diese lassen sich wie folgt zusammenfassen:

- Die zentrale Figur des Satzes ist ein rechtwinkliges Dreieck ($\gamma = 90°$).
- Das rechtwinklige Dreieck hat zwei Typen von Seiten: die Katheten und die Hypotenuse.
- Formulierung des Satzes mittels Seitenlängen: Das Quadrat der Länge der einen Kathete plus das Quadrat der Länge der anderen Kathete ergibt das Quadrat der Länge der Hypotenuse.
- Formulierung des Satzes mittels Flächeninhalten: Zwei Quadrate können zusammen den gleichen Flächeninhalt haben wie ein drittes Quadrat, falls die Quadrate in einer besonderen Weise angeordnet sind (rechtwinkliges Dreieck in der Mitte).
- Es wird explizit zwischen der Voraussetzung und der Behauptung unterschieden: Für die Seiten a, b, und c eines rechtwinkligen Dreiecks gilt, dass $a^2 + b^2 = c^2$.[39]

Stellt man hier die Frage nach dem wesentlichen Verstehenselement, so könnte dies beispielsweise die „Unterscheidung zwischen Voraussetzung und Behauptung (bzw. Formel)“ sein, da die Schülerinnen und Schüler diesen Zusammenhang nicht immer erfassen.

2. Schritt: Zur Auseinandersetzung mit diesen Verstehenselementen sind die Lernhandlung **„Zusammenhang aufzeigen“** und das entsprechende Aufgabenformat denkbar: Um die Unterscheidung zwischen Voraussetzung und Behauptung zugänglich zu machen, gibt es die Möglichkeit, aus einer Menge von Dreiecken jene auszuwählen, für die $a^2 + b^2 = c^2$ gilt.

Bezeichne jene Dreiecke, für die $a^2 + b^2 = c^2$ gilt:

Abb. 18: Mini-Aufgabe – Beispiel: Satz des Pythagoras (Auswahlaufgabe)

Beispiel 3: Englisch
Im dritten Beispiel geht es darum, die unterschiedlichen Bedeutungen von **Verben der Fortbewegung** in der englischen Sprache zu erfassen.

1. Schritt: Die englischen Verben der Fortbewegung lassen sich unter anderem nach dem Grad der Geschwindigkeit unterscheiden. Dabei können sie zum Beispiel wie folgt gebündelt werden:

- „To run" meint rennen oder laufen, bezeichnet also eine eher schnelle Art der Fortbewegung.
- „To stroll" bedeutet schlendern oder bummeln, also eine eher langsame Art der Fortbewegung.
- „To walk" bezeichnet das Zu-Fuß-Gehen, häufig im Schritttempo.
- „To tiptoe" bedeutet auf Zehenspitzen gehen.

Die Frage nach einem wesentlichen Verstehenselement führt hier weniger zu einer einzelnen Vokabel, sondern vielmehr zu den sprachlichen Nuancen der einzelnen Verben. Die Geschwindigkeit der Fortbewegung ist dabei ein möglicher Anker für eine Mini-Aufgabe.

2. Schritt: Zur Auseinandersetzung mit diesen Verstehenselementen sind die Lernhandlung **„Reihen"** und das entsprechende Aufgabenformat denkbar. Zunächst gilt es, die grundsätzliche Bedeutung der Verben zu erfassen. Dann kann an einigen konkreten Satzbeispielen weiterüberlegt und eine mögliche Reihung vorgenommen sowie begründet werden.

Unten sind verschiedene Verben der Fortbewegung aufgeführt. Ordne nach steigender Geschwindigkeit.

to walk
to tiptoe
to stroll
to run

Abb. 19: Mini-Aufgabe – Beispiel: Fortbewegung und Geschwindigkeit (Reihenfolgeaufgabe)

Beispiel 4: Sport
Das vierte Beispiel für die Erstellung von Mini-Aufgaben kommt aus der Leichtathletik. In der Disziplin **Weitsprung** gibt es bestimmte Hinweise für den Sportler bzw. die Sportlerin, wie ein möglichst weiter Sprung zu erzielen ist.

1. Schritt: Die Verstehenselemente schließen zum einen an alltagsweltliche Vorstellungen an (z. B. hohe Anlaufgeschwindigkeit), zum anderen erweitern sie die Wahrnehmung in Bezug auf diese Sprungdisziplin (z. B. hoher Absprung). Diese könnten wie folgt aussehen:

- hohe Anlaufgeschwindigkeit
- verkürzter letzter Schritt
- Fußaufsatz auf dem Absprungbalken
- hohe Absprunggeschwindigkeit
- hoher Absprung (nicht nur in die Weite, sondern auch in die Höhe springen)
- längeres Halten der Absprungposition (ein Knie angewinkelt)
- korrekte Landeposition (beide Beine vor dem Körperschwerpunkt)

Zwei der Verstehenselemente könnten als „wesentlich" ausgewiesen werden: die „hohe Anlaufgeschwindigkeit" und der „hohe Absprung". Begründen lässt sich dies damit, dass der Weitsprung trotz ebendieser Bezeichnung eigentlich ein Weit-Hoch-Sprung ist, bei dem es auch darauf ankommt, mit einer möglichst hohen Geschwindigkeit eine gewisse Höhe zu erreichen, um in einer möglichst langen Flugphase zu verbleiben. Während der Hinweis auf die hohe Anlaufgeschwindigkeit den meisten Menschen bekannt ist, ist der Hinweis auf den hohen Absprung vielfach nicht bekannt.

2. Schritt: Zur Auseinandersetzung mit diesen Verstehenselementen ist die Lernhandlung **„Priorisieren"** denkbar. Im Falle eines guten Weitsprungs kommt dem optimalen Absprungwinkel aus genannten Gründen eine hohe Bedeutung zu.

Unten sind einige Faktoren eines guten Weitsprungs aufgeführt. Bestimme den Faktor mit der vermutlich größten Wirkung auf die zu erzielende Weite.

(A) Aufsatz auf Absprungbalken
(B) korrekte Landeposition
(C) optimaler Absprungwinkel

Abb. 20: Mini-Aufgabe – Beispiel: Weitsprung (Auswahlaufgabe)

2.2 Aufgabenformate

Es ist offensichtlich, dass Mini-Aufgaben bestimmte Aufgabenformate verlangen. Aufgrund des üblicherweise eher geringen Zeitbudgets sind bestimmte offene Aufgabenformate dafür ungeeignet, so beispielsweise Aufgaben mit umfangreichen Rechnungen oder längeren schriftlichen Ausführungen. Es bedarf also solcher Aufgabenformate, bei denen eine **zügige Entscheidung für eine passende Lösung** getroffen werden kann.

Üblicherweise unterscheidet man die Aufgabenformate danach, ob sie eher **geschlossen** oder **offen** sind. Diese Klassifizierung bezieht sich vor allem auf den verfügbaren Antwortspielraum: Bei geschlossenen Aufgabenformen gibt es in der Regel eine eindeutige Lösung – beispielsweise bei einer Auswahlaufgabe –; bei offenen Aufgabenformen sind oft mehrere Kurzantworten möglich, auch wenn sie einander inhaltlich ähneln mögen. An dieser Stelle sollen noch **halboffene Aufgabenformate** eingeführt werden, bei denen der Spielraum oftmals gering, aber doch vorhanden ist; so könnte beispielsweise eine inhaltliche Korrektur an einer eindeutig bestimmten Stelle vorgenommen werden müssen, wobei aber oftmals mehrere richtige Korrekturmöglichkeiten existieren.

Grundsätzlich lässt sich für alle Aufgabenformate Folgendes feststellen:

- **Anspruchsniveau:** Wenn man davon ausgeht, dass die Lernenden bei geschlossenen Aufgabenformen etwa ein Kreuz in das richtige Feld setzen oder einem Oberbegriff bestimmte Elemente zuordnen, dann ist es offensichtlich, dass dies häufig leichter ist, als ein Konzept mit einer Kernaussage zu bündeln oder ein punktgenaues Argument zu finden. Nichtsdestotrotz können auch Auswahlaufgaben so gestellt werden, dass sie ohne ein tieferes Verständnis des Sachverhalts nicht zu beantworten sind.
- **Freiheitsgrad für die Lernenden:** Offene und halboffene Aufgabenformate bieten einen höheren Freiheitsgrad für die Lernenden; die Antwort kann von ihnen eher mit einem persönlichen „Stempel" versehen werden.
- **Objektivierung:** Je individueller die Lösungsmöglichkeiten sind, desto schwieriger ist die Erfassung der Leistung durch die Lehrperson.
- **Auswertungsökonomie:** Grundsätzlich gilt, dass der Auswertungsaufwand bei offenen Aufgabenformaten höher ist als bei den anderen Formaten; allerdings bleibt dieser auch bei Mini-Aufgaben in einem gut zu bewältigenden Maß.

geschlossene Aufgabenformate	halboffene Aufgabenformate	offene Aufgabenformate
Richtig/falsch-Aufgabe	Skalierungsaufgabe	Kurzantwort (Kernaussage, Gründe, Argumente usw.)
Auswahlaufgabe (Single/Multiple Choice)	Vervollständigungsaufgabe	
Reihenfolgeaufgabe	Korrekturaufgabe	Zeichnung
Zuordnungsaufgabe		

Abb. 21: Aufgabenformate für Mini-Aufgaben[40]

Zu den **geschlossenen Aufgabenformaten** zählen **Richtig/falsch-Aufgaben, Auswahlaufgaben, Reihenfolgeaufgaben und Zuordnungsaufgaben** (→ Abb. 22, 23, 24 und 25). Gerade bei diesen Aufgabenformaten kann sowohl faktisches Detailwissen als auch verständnisorientiertes Zusammenhangswissen abgefragt werden. Die Qualität dieser Formate lebt stark von ihrer inhaltlichen Ausrichtung.

Prüfe, ob die folgende Aussage korrekt ist:
Das Pareto-Prinzip besagt, dass 80 % der Ergebnisse mit 20 % des Aufwandes erreicht werden.

☐ richtig ☐ falsch

Abb. 22: Mini-Aufgabe richtig/falsch – Beispiel: Pareto-Prinzip

Kreuzen Sie an, welche der folgenden Aspekte zu den unterschiedlichen Sichtstrukturen gehören:

☐ Organisationsform
☐ didaktische Methode
☐ kognitive Aktivität
☐ Individualisierung

Abb. 23: Mini-Aufgabe Auswahl (Multiple Choice) – Beispiel: Sichtstrukturen (Unterrichtspsychologie)

Unten sind einige Faktoren eines guten Weitsprungs aufgeführt. Bringe diese Faktoren in eine praktische Reihenfolge. (Was würdest du im Training priorisieren?)

Fußaufsatz im Ballenbereich
verkürzter letzter Schritt
optimaler Absprungwinkel

Abb. 24: Mini-Aufgabe Reihenfolge – Beispiel: Weitsprung (Sport)

Geben Sie jeweils an, ob es sich für das Unternehmen um eine betriebliche Einnahme, um eine betriebliche Ausgabe oder um eine private Rechnung von Firmenchefin Liliane handelt:

	betriebliche Einnahme	betriebliche Ausgabe	private Rechnung
Kundenrechnung für eine maßgeschneiderte Hose	☐	☐	☐
Gehaltszahlung an Schneiderin Gerhild	☐	☐	☐
Überweisung von Kunden für eine Online-Bestellung	☐	☐	☐
Miete für das Geschäftslokal	☐	☐	☐
Strom für das Geschäftslokal	☐	☐	☐
Providergebühren für die Webseite des Unternehmens	☐	☐	☐

Abb. 25: Mini-Aufgabe Zuordnung – Beispiel: Einnahmen/Ausgaben (Wirtschaft)[41]

Auswahlaufgaben sind jene Formate, in denen Mini-Aufgaben besonders häufig in Erscheinung treten. Wiewohl diese Aufgabenform von der Darstellung und der formalen Handlung der Lernenden her leicht zugänglich erscheint – es sind eine oder mehrere Alternativen auszuwählen –, ist deren Konstruktion keineswegs trivial (→ Infotafel 4). So ist es durchaus herausfordernd, die Distraktoren (nicht richtigen Antworten) so zu bestimmen, dass sie als mögliche Lösung grundsätzlich plausibel erscheinen und nicht durch logisches Kombinieren („test wiseness") erschließbar sind. Typischerweise sind richtige Antworten oftmals umfänglicher als falsche, weil die richtige Begründung mehr Worte erfordert als viele falsche Begründungen.

Infotafel 4: Hinweise zur Konstruktion von Auswahlaufgaben

Stamm

- Ist die Sprache klar und verständlich, werden Mehrdeutigkeiten vermieden?
- Werden nur gebräuchliche Abkürzungen, Fremdwörter usw. verwendet?

Frage

- Werden Negationen hervorgehoben?

Wahlantworten

- Sind alle Distraktoren (nicht richtigen Antworten) plausibel?
- Sind Textlänge, Grammatik und formale Gestaltung weitgehend identisch?
- Stammen die Wahlantworten aus derselben Antwortkategorie?
- Werden doppelte Verneinungen vermieden?[42]

Zu den **halboffenen Aufgabenformen** zählen **Skalierungsaufgaben, Vervollständigungsaufgaben und Korrekturaufgaben**. Bei diesen Formen ist der Antwortspielraum oftmals gering, aber doch vorhanden; so muss beispielsweise eine inhaltliche Korrektur an einer eindeutig bestimmten Stelle vorgenommen werden, es existieren aber oftmals mehrere richtige Korrekturmöglichkeiten.

Schätze die Dichte und die Wärmeleitfähigkeit der nachfolgenden Stoffe ein.

(1) Eisen

(2) Grafit

(3) Kupfer

(4) Schwefel

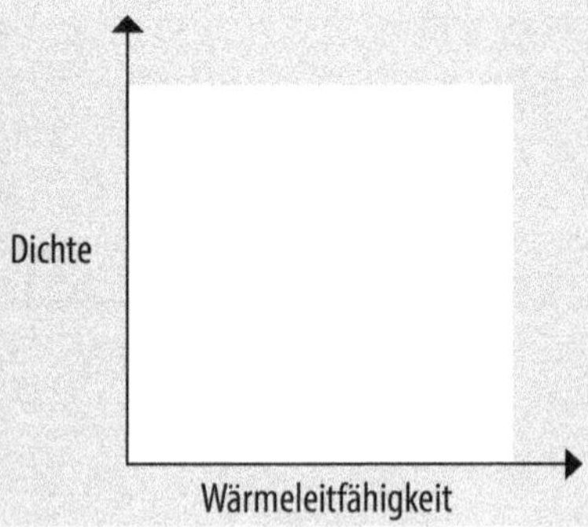

Abb. 26: Mini-Aufgabe Skalierung – Beispiel: Eigenschaften von Elementen (Chemie/Physik)

Vervollständige die Geradengleichung für die dargestellte Gerade.

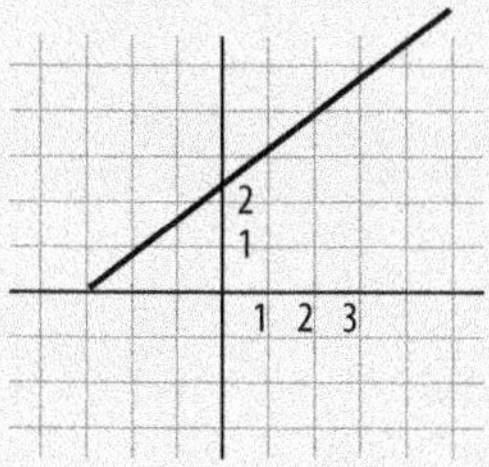

y= ___ x+3

Abb. 27: Mini-Aufgabe Vervollständigung – Beispiel: Geradengleichung (Mathematik)

In dem folgenden Satz ist das „du" falsch. Wie könnte man den Satz so verändern, dass das „du" richtig wäre?

Tu prends encore un peu du vin?

Abb. 28: Mini-Aufgabe Korrektur – Beispiel: Teilungsartikel (Französisch)

Zu den **offenen Aufgabenformen** zählen Aufgaben, die **Kurzantworten** einfordern; dies kann eine zentrale Aussage, ein Argument bzw. eine kurze Begründung, eine Formulierung oder ein Kriterium sein (→ Abb. 29). Da es sich um Mini-Aufgaben handelt, liegt der formale Fokus auf der Kürze der Antwort, denn nur auf diese Weise kann das geringe Zeitbudget eingehalten werden. Inhaltlich betrachtet sind Aufgaben sinnvoll, die in einer wie auch immer bestimmten Weise Aspekte des Lerngegenstands auf den Punkt bringen, konzentrieren oder eingrenzen. Mini-Aufgaben im Aufgabenformat der Kurzantwort könnten bei größeren Gruppen auch zu zweit bearbeitet werden. So kann man sicherstellen, dass beispielsweise bei einer Gruppengröße von 25 Lernenden doch etwa zwölf besprechbare Kurzantworten vorliegen.

Wie gestalte ich ein ausdrucksvolles Gesicht?

Abb. 29: Mini-Aufgabe Kurzantwort – Beispiel: Kunst

Mini-Aufgaben können auch dazu anleiten, eine einfache Zeichnung oder Skizze zu erstellen. Dies ist sozusagen die visuelle Variante der eher textuellen Kurzantwort (→ Abb. 30).

Abb. 30: Mini-Aufgabe Zeichnung – Beispiel: Österreichs Bundesländer (Geografie)

Die unterrichtliche Wirksamkeit der verschiedenen Aufgaben bzw. Aufgabenformate hängt grundsätzlich stark von der **Qualität der Umsetzung** der Inhalte in der jeweiligen Aufgabenform ab. In der Lehr-/Lernforschung gibt es Untersuchungen dazu, welche Art von Aufgaben für den Wissens- oder Kompetenzerwerb besonders geeignet sind. So konnte etwa nachgewiesen werden, dass es „lernwirksamer ist, verschiedene Lösungswege für die gleiche Aufgabe bzw. das gleiche Problem zu vergleichen, statt den Lösungsweg konstant zu halten und die Aufgabe zu variieren. Das verweist darauf, dass es nicht egal ist, was man miteinander vergleicht und was man konstant hält bzw. was man variiert."[43] Prinzipiell lassen sich alle genannten Aufgabenformate im Unterricht verwenden; dabei hängt ihr wirkungsvoller Einsatz auch von eher situativen Faktoren wie der Abstimmung des Aufgabeninhalts auf das Vorverständnis der Lernenden oder der Wahl eines angemessen Schwierigkeitsgrades ab.

2.3 Fragenformate

Fragen im Rahmen der Lehre sind Äußerungen, welche die Lernenden dazu auffordern, sich in einer bestimmten Weise mit einem Lerninhalt auseinanderzusetzen, und dabei in der Regel die Verringerung oder Beseitigung eines Wissens- oder Verständnisdefizits beabsichtigen. Mithilfe von Fragen wird der Blick auf einen für eine bestimmte Zielgruppe relevanten Sachverhalt gerichtet und im besten Falle eine kognitive Aktivität ausgelöst, die eine möglichst tiefe und intensive Auseinandersetzung mit diesem Sachverhalt unterstützt. Fünf **Fragenaspekte** werden mit Blick auf Mini-Aufgaben unterschieden:

- Antwortspielraum
- Frage versus Aufforderung
- Fragewort
- „Richtung" der Frage
- Leit- oder Schlüsselfragen

Werden Fragen nach dem Fragetypus klassifiziert, so bietet sich als zentrales Unterscheidungsmerkmal der verfügbare **Antwortspielraum** an.

- **Geschlossene Fragen:** Der Antwortspielraum ist klein. Beispiel: „Bei welcher Temperatur siedet Wasser?" Ein besonders häufig anzutreffender Spezialfall der geschlossenen Frage ist die sogenannte Ja/nein-Frage. Beispiel: „Findet der § 23 in diesem Fall Anwendung?"
- **Offene Fragen:** Der Antwortspielraum ist groß. Beispiel: „Wie beurteilen Sie die aktuelle wirtschaftliche Lage in XYZ?"

Diese Fragetypen sind grundsätzlich nicht „gut" oder „schlecht", sondern sie erfüllen jeweils eine bestimmte **Funktion im unterrichtlichen Kontext.** Geschlossene Fragen fokussieren, „bringen auf den Punkt" und helfen dabei, eine möglicherweise noch unpräzise Antwort der Lernenden zu klären bzw. zu schärfen. Offene Fragen hingegen wirken wie „Türöffner"; sie tragen dazu bei, das Spektrum möglicher Beiträge eher zu erweitern. Eine grundlegende Funktion von Fragen besteht darin, das Vorwissen der Lernenden zu aktivieren; vorhandene Vorkenntnisse werden ermittelt und bewusst gemacht, zudem lässt sich das weitere unterrichtliche Vorgehen daran ausrichten.

Wenn von Fragen die Rede ist, dann werden damit in der Regel direkte Fragesätze assoziiert, die mit einem Fragezeichen enden. Daneben gibt es aber auch **indirekte Fragesätze** („Ich wüsste gerne, ob Sie die besonderen Eigenschaften dieser chemischen Verbindung benennen und erläutern können."). Fragetechnisch

Frage		Aufforderung
Welche Kriterien sind bei der ärztlichen Behandlung von Patientinnen und Patienten mit Tuberkulose zu beachten?	↔	**Nennen** und **erläutern** Sie die Kriterien, die bei der ärztlichen Behandlung von Patientinnen und Patienten mit Tuberkulose zu beachten sind.
Was versteht man (verbal und mathematisch) unter dem Grenzwert einer Folge?	↔	**Definieren** und **erläutern** Sie verbal und mathematisch den Grenzwert einer Folge.

Abb. 31: Umwandlung Frage/Aufforderung[44]

besonders relevant sind die sogenannten **Aufforderungen**, bei denen ein Verb am Satzanfang steht. Sollte eine Aufgabe in Frageform vorliegen, so lässt sich anhand von Abb. 31 nachvollziehen, wie diese in eine Aufforderung umzuformulieren ist. Aufforderungen sind auch insofern bedeutsam, als sie im Grunde genommen ein Lernziel bzw. Lernergebnis auf einem eher niedrigen Abstraktionsniveau wiedergeben.

Fragewörtern kommt im unterrichtlichen Kontext eine besondere Bedeutung zu. Astrid Kaiser hat beispielsweise für den Sachunterricht darauf hingewiesen, dass die üblichen Warum-Fragen gelegentlich einschüchternd wirken können und dann von den Kindern mit „Ich weiß nicht" oder „Weil das so ist" beantwortet werden. Stattdessen empfiehlt sie, auch Was-Fragen (und ihre Variationen: Wer? Welches? Wann? Wo? Wie?) zu verwenden. Sie argumentiert, dass z. B. die Frage „Was brennt an einer Kerze?" auf den ersten Blick einfacher verständlich sei und eher zum Nachdenken und Beobachten motiviere als die umfassende Frage: „Warum brennt eine Kerze?".[45] Durch die Was-Frage wird eine konkrete Suchbewegung eingeleitet und nicht eine umfassende Begründung eingefordert (→ Abb. 32).

Durchaus ähnlich argumentiert Manfred Prior, der darauf hinweist, dass die lösungs- bzw. entscheidungsorientierte Ja/nein-Frage (z. B. „Hast du eine Idee, wie du dein Problem lösen könntest?") darauf abzielt, erfolgreiches und weniger erfolgreiches Agieren voneinander zu unterscheiden. Statt aber „Gewinner" und „Verlierer" auszuweisen, empfiehlt er konstruktive W-Fragen (Was? Wann? Welche? Wer? Wie? Woran? Wodurch?), die das Gesuchte als verfügbar annehmen. Beispiele wären etwa: „Was weißt du zu …?" oder „Welche Lösungen, die Sie bereits genutzt haben, könnten Sie bei dieser Problemstellung weiterbringen?"[46]

Fragewort 1	**Fragewort 2**
Warum brennt eine Kerze?	Was brennt an einer Kerze?
Warum hat sich die Idee nicht durchgesetzt?	Wer war eigentlich über diese Idee informiert?
Warum funktioniert die XYZ nicht?	Was müsstest du überprüfen, damit XYZ funktioniert?
...	...

Abb. 32: Änderung des Fragewortes „Warum"

Ähnlich wie die Wahl eines sinnvollen Frageworts spielt auch die gesamte Formulierung einer Frage eine bedeutsame Rolle. Mit ihr wird sozusagen die **„Richtung" der Frage** festgelegt und damit auch, auf welche Weise bestimmte Denkprozesse angeregt werden; gute Fragen wirken sozusagen wie ein chemischer Katalysator. Dies lässt sich an der folgenden Aufgabe nachvollziehen: „Stellen Sie sich vor, 123 Tennisspieler bestreiten ein Turnier nach dem klassischen K.o.-System: Je zwei Spieler treten gegeneinander an, und der Sieger kommt in die nächste Runde. Wie viele Spiele müssen in diesem Turnier absolviert werden, um den Sieger zu ermitteln?"

Diese Frage ist durchaus nicht einfach zu beantworten. Natürlich können Sie sich über die Verdopplung der Paarungen einer möglichen Lösung nähern: Im Finale stehen zwei Spieler, im Halbfinale vier usw. (fiktiv bei 128 Spielern: 64 + 32 + 16 + 8 + 4 + 2 + 1 = 127). Wenn Sie dann noch fünf Freilose (es sind nur 123 Spieler) davon abziehen, haben Sie die Lösung. Einfacher ist es jedoch, eine andere Frage zu beantworten: „Wie viele Spieler müssen eigentlich verlieren, bis der Sieger feststeht?" Bei einem K.o.-System müssen bei 123 Spielern 122 verlieren, und genauso viele Spiele sind es demzufolge auch.

An diesem Beispiel lässt sich gut nachvollziehen, dass Fragen unterschiedlich wirken können und dass – wie in diesem Fall offensichtlich – eine geeignete Frage den **Antwortprozess zielgerichtet steuern** und gegebenenfalls auch unterstützen kann. Je nach Art der Frage wird die Aufmerksamkeit der Lernenden auf bestimmte Aspekte gerichtet, sodass diese mehr oder weniger intensiv nachdenken müssen. Nicht zuletzt kann es auch gelingen, Reflexionsprozesse anzustoßen, indem über bestimmte, meist unerwartete Fragestellungen gängige Denkmuster infrage gestellt werden (→ Infotafel 5). Hier wirken Fragen als Impulse, gelegentlich auch als Provokationen.

Infotafel 5: Fragen mit unerwarteter „Richtung"

Rolf Dobelli hat herausfordernde Fragen formuliert, die nachdenklich machen und die Reflexion anregen. Hier einige Beispiele aus unterschiedlichen Themenfeldern:

- „Möchten Sie, dass man Ihnen zuhört, auch wenn Sie nichts zu sagen haben?"
- „Ist eine Entscheidung, die auf der Hand liegt, eine Entscheidung?"
- „Welche Dinge hätten Sie leichter verstanden, wenn man sie Ihnen nicht erklärt hätte?"
- „In welchen Situationen langweilen Sie sich mehr – wenn Sie allein sind oder in Gesellschaft (Geschäftsessen, Einladungen etc.)?"[47]

Fragen können in unterrichtlichen Kontexten auf unterschiedliche Weise eingesetzt werden. So ist es beispielsweise möglich, mithilfe von Fragen die inhaltliche Auseinandersetzung und die unterrichtliche Abfolge zu steuern, wie das Beispiel in → Abb. 33 zeigt. In diesem Sinne lässt sich dann auch von **Leit- oder Schlüsselfragen** sprechen. Als Orientierung bei der Formulierung können die sogenannten W-Fragen dienen: wer, wann, wie, wo/wohin, wem/wen, was, wessen, welche, woran usw.

Die Orientierung an der Fachterminologie ist eine Möglichkeit, Fragen auszurichten, die Orientierung am gewünschten Modus Operandi des Denkens eine andere. In letzterem Fall, der auch die intendierten Lernergebnisse bzw. Kompetenzen miteinbezieht, wird die Fragerichtung so gewählt, dass sie den **erwünschten Denkmodus** und die dazu gehörenden Lerntätigkeiten anregen kann (→ Abb. 34).

Schlüsselbegriffe	Schlüsselfragen
Akteure	• Wer ist an der Auseinandersetzung beteiligt?
Interessen	• Welche Interessen verfolgen die Akteure? • In wessen Interesse liegt eine bestimmte Problem- bzw. Konfliktlösung?
Macht, Herrschaft, Einfluss	• Welche Möglichkeiten besitzen die Akteure, um ihre Interessen gegenüber anderen durchzusetzen?
Methoden der Interessendurchsetzung	• Welche Methoden wenden die Akteure zur Durchsetzung ihrer Interessen an?
Legitimation	• Sind die Akteure zu ihrer Vorgehensweise legitimiert? • Welche Gründe führen sie zur Legitimierung ihrer Vorgehensweise an?
Verlauf	• Wie verläuft die Auseinandersetzung? • Wer setzt sich durch?

Abb. 33: Schlüsselfragen zu einer politischen Auseinandersetzung (Prozessdimension)[48]

	Denkmodus	**Lerntätigkeiten**	**Fragerichtung**
Argumentieren	logisch, kausal	inhaltliche Aspekte erfassen	Warum ist es so?
Erkunden	explorativ, experimentell	forschen, operationalisieren	Was ist es? Wie ist es?
Imaginieren	handelnd, kreativ	Verbindung von denken, handeln, vorstellen	Wie wäre es, wenn ... ?
Ordnen	systematisch	unterscheiden, zusammenfassen	Welcher Plan ...?
Urteilen	kritisch	vergleichen, prüfen, interpretieren	Welche Bedeutung ...?

Abb. 34: Denkmodus und Fragerichtung[49]

Fragen und Aufforderungen tragen dazu bei, dass die kognitive Aktivierung der Lernenden gelingt und diese sich mit den Inhalten auseinandersetzen bzw. sie sich sukzessive aneignen. Somit haben sie eine zentrale Bedeutung für die Formulierung und den erfolgreichen Einsatz von Mini-Aufgaben, helfen aber überdies auch dabei, den Prozess des Erklärens zu stützen und erste Aneignungsimpulse zu setzen. Die Fähigkeit, für den Lernprozess sinnvolle Fragen zu stellen, lässt sich entwickeln und trainieren (→ Infotafel 6).

Infotafel 6: Frage-Jeopardy

Das Frage-Jeopardy ist eine gute Übung, um das Formulieren von Fragen zu trainieren. Die Grundidee besteht darin, eine Antwort vorzugeben und dazu von einem Kollegen oder einer Kollegin eine (für die Zielgruppe) sinnvolle Frage formulieren zu lassen.

- 1. Schritt: Notieren Sie fünf Antworten zu Ihrem Lerngegenstand. Es ist in der Regel sinnvoll, Antworten mit unterschiedlichem Antwortspielraum zu formulieren, insbesondere also nicht nur Antworten auf geschlossene Fragen.
- 2. Schritt: Überlegen Sie sich mögliche Fragen bzw. Aufforderungen, die zu dieser Antwort führen.

Beispiel: Die Antwort lautet „Quantität vor Qualität". Eine mögliche Frage lautet:

- „Welches Brainstorming-Prinzip wird in der Praxis besonders häufig ignoriert?"

2.4 Impulse und Ideen

Die Entwicklung von Mini-Aufgaben in ihrer klassischen Abfolge (Verstehenselemente ermitteln, Wesentliches festlegen, Lernhandlungen überlegen und Aufgabenform bestimmen) wurde bereits im ersten Abschnitt dieses Kapitels idealtypisch beschrieben. Da es aber nicht so leicht ist, eine gute – also sach- und lerngerechte – Mini-Aufgabe zu entwickeln, werden an dieser Stelle noch einige Hinweise gegeben, wie der Entwicklungsprozess von Mini-Aufgaben unterstützt werden kann. Alle im Folgenden vorgestellten Ideen, Methoden und Techniken haben gemeinsam, dass durch sie eine andere, zusätzliche Perspektive eingenommen wird. Im Einzelnen sind dies:

- Selbstverständlichkeits-Check (→ Verstehenselemente ermitteln)
- Timeline-Check (→ Verstehenselemente ermitteln)
- Siebe der Reduktion (→ Wesentliches festlegen)
- Mini-Aufgaben-Matrix (→ Lernhandlungen überlegen)
- Fragen-Vortrag (→ Aufgabenform bestimmen)
- Reizaufgaben-Analyse (→ Aufgabenform bestimmen)

Üblicherweise können Lehrpersonen die für einen Lerngegenstand erforderlichen Verstehenselemente leicht zusammentragen – dies ist schließlich ihre Profession. Trotzdem kann es gelegentlich hilfreich sein, einen ergänzenden Blick auf die gefundenen inhaltlichen Bestandteile zu werfen. Zwei Techniken sind dabei hilfreich:

Der **Selbstverständlichkeits-Check** versucht jene inhaltlichen Aspekte in den Blick zu nehmen, die möglicherweise aufgrund unterrichtlicher Routine oder aber auch nur von schlichter Unaufmerksamkeit ausgelassen wurden. Dies sind sozusagen die fachlichen „Selbstverständlichkeiten“ (→ Infotafel 7), also Aspekte, die so selbstverständlich scheinen, dass sie keiner Erwähnung mehr bedürfen

Der **Timeline-Check** lädt zu einer Zeitreise und – damit verbunden – zu einer Reflexion der gefundenen Verstehenselemente ein. Üblicherweise dient diese Technik dazu, eine getroffene Entscheidung zu überprüfen. Man fragt dann: Wie werde ich über meine Entscheidung in zehn Minuten, zehn Monaten oder zehn Jahren denken? Auf einer Zeitleiste (= Timeline) lassen sich ähnliche Überlegungen auch in Bezug auf den eigenen Unterricht und die entsprechenden Inhalte anstellen. Welche inhaltlichen Aspekte fallen der Lehrperson bei der unterrichtlichen Vorbereitung, der Grob- oder Feinplanung ein? Was ist wichtig und woran muss man denken, wenn man – möglichweise auch unter Zeitknappheit – den Stoff im Unterricht behandelt? Worauf muss man sich vor dem Test bzw. der Klausur konzentrieren, wenn man den Stoff wiederholt? Woran sollen sich die Lernenden auf jeden

Fall noch erinnern, wenn man sie nach einem Jahr auf dieses Thema anspricht? (→ Abb. 35). Auf diese Weise wird deutlich, dass die zeitliche Nähe oder der zeitliche Abstand den inhaltlichen Blick schärfen kann.

Infotafel 7: Selbstverständlichkeits-Check (Beispiele)

Prüfen Sie stets, welche „Selbstverständlichkeiten" Sie den Lernenden unabsichtlich vorenthalten. Was gehört für Sie so selbstverständlich zum Thema, dass es für Sie keiner Erwähnung mehr wert ist? Zwei Beispiele sollen dies verdeutlichen.

- **Fußball:** Die Abseitsregel gehört zu den besonders häufig erklärten Sachverhalten im Fußball. Dabei stellt die Abseitsstellung eines Spielers an sich noch kein Vergehen dar. Ein Spieler wird nur dann für seine Abseitsstellung bestraft, wenn er zum Zeitpunkt, zu dem der Ball von einem Mitspieler berührt oder gespielt wird, aktiv am Spiel teilnimmt usw. Der Hinweis auf diesen einen Zeitpunkt bleibt gelegentlich aus, weil dies als selbstverständlich erachtet wird.
- **Energiesysteme:** Bei der Beschreibung der Funktionsweise einer Wärmepumpe beginnt die Lehrperson mit der Flüssigkeit, die im Erdreich Erdwärme aufnimmt und verdampft. Das so entstandene Gas wird komprimiert, durch Wärmeabgabe an die Heizung des Hauses wieder verflüssigt und anschließend über das Expansionsventil entspannt. Abgesehen davon, dass es hier Fachtermini gibt, die es zu erklären gilt (z. B. Expansionsventil), wird gelegentlich auch vergessen, darauf hinzuweisen, dass es sich bei der Flüssigkeit um eine Art Kältemittel handelt, also um eine Flüssigkeit, die bereits bei sehr niedriger Temperatur siedet.

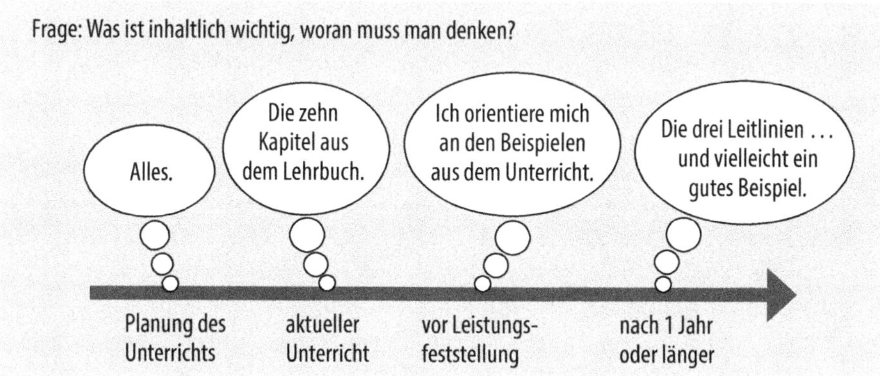

Abb. 35: Eine Timeline für Verstehenselemente und Wesentliches

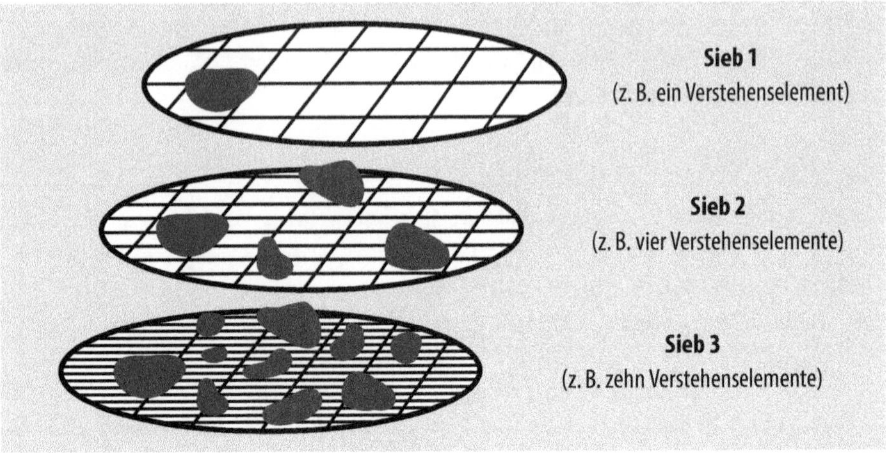

Abb. 36: Die Siebe der Reduktion: Wesentliches bestimmen

Um die für die Mini-Aufgabe wesentlichen Verstehenselemente zu ermitteln, bietet sich ergänzend eine Technik an, die ich an anderer Stelle für die Auswahl von Lerninhalten vorgeschlagen habe: die **Siebe der Reduktion**[50]. Im Unterschied zu der Vorgehensweise bei der inhaltlichen Auswahl („Stoff") handelt es sich bei den zu ermittelnden Verstehenselementen um inhaltliche Elemente wie Aussagen, Merkmale oder Formeln. Das Bild der Siebe lässt sich auch hier gut verwenden, weil es darum geht, mit unterschiedlich feinen Sieben Sand verschiedenster Körnung (= die Verstehenselemente) voneinander zu trennen. Durch ein grobes Sieb fällt fast alles hindurch; übrig bleiben nur wenige große Sandkörner. Ein feines Sieb hingegen hält den Großteil des Sandes zurück. Dementsprechend kann man sich beispielsweise bei einem zu erklärenden Sachverhalt, bei dem es um mehrere Verstehenselemente geht, folgende Fragen stellen:

- **Grobes Sieb (R1):** Angenommen, die Lernenden erinnern sich nach Abschluss des Unterrichts nur noch an ein zentrales inhaltliches Element – welches sollte das sein? Und warum?
- **Mittleres Sieb (R2):** Angenommen, es würden vier Verstehenselemente aus dem Unterricht „mitgenommen" – welche sollten das sein?
- **Feines Sieb (R3):** Angenommen, die Lernenden sind in der Lage, sich langfristig auch an zehn Verstehenselemente zu erinnern – welche sind dafür vorgesehen?

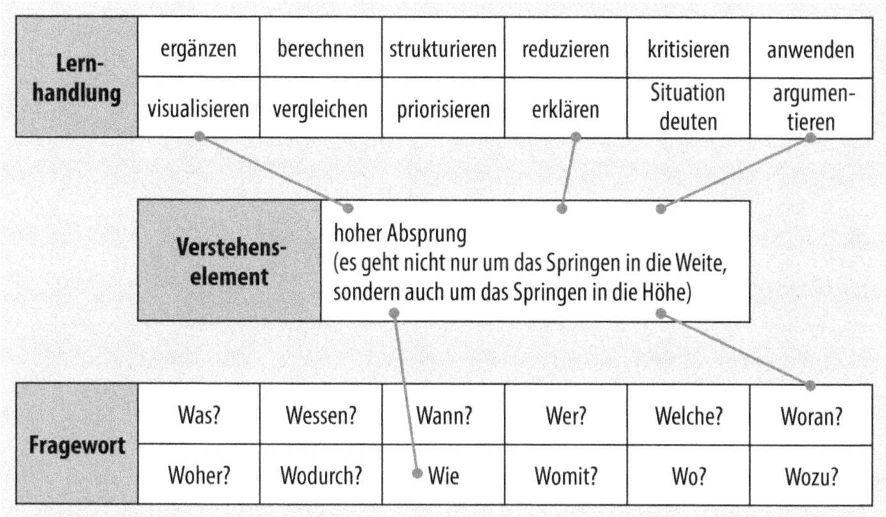

Abb. 37: Mini-Aufgaben-Matrix am Beispiel Weitsprung

Zwar könnte man eine Lehrperson auch einfach nur dazu auffordern, die gefundenen Verstehenselemente zu priorisieren, doch erweist sich die eingebrachte Mengenperspektive als sehr hilfreich. Es fällt oftmals leichter, sich vorzustellen, welchen „Stoff" man mengenmäßig „bringen" würde, anstatt eher abstrakt zu priorisieren.

Nachdem die Verstehenselemente zusammengetragen und gebündelt wurden, geht es darum, passende Lernhandlungen auszuwählen und die Aufgabenform anzudenken. Bei diesen Schritten werden Anleihen bei einer bestimmten Kreativitätstechnik genommen, dem morphologischen Kasten bzw. der morphologischen Matrix. Bei der **Mini-Aufgaben-Matrix** geht es grundsätzlich darum, die verschiedenen Merkmale einer Sache und die zugehörigen Ausprägungen aufzulisten und dann diese Ausprägungen auf eine neue Weise zu kombinieren. In leichter Abwandlung der morphologischen Matrix werden in der Mini-Aufgaben-Matrix drei Merkmale einer Mini-Aufgabe angeführt: ein wichtiges Verstehenselement, denkbare Lernhandlungen und mögliche Fragewörter (→ Abb. 37). Anschließend lässt sich überlegen, wie dieses Verstehenselement mit einer bestimmten Lernhandlung oder einem bestimmten Fragewort in ein Aufgabenformat überführt werden kann. Es ist prinzipiell ausreichend, zu einem Verstehenselement nur eine Verbindung zu bilden, also entweder eine Lernhandlung oder ein Fragewort zu assoziieren.

Zur Bestimmung der Aufgabenform gibt es wiederum zwei Ansätze, welche die Perspektive bei der Aufgabenkonstruktion etwas erweitern sollen. Der erste Ansatz besteht darin, einen Lerngegenstand konsequent in eine Frageform zu überführen.

Anstatt also einen bestimmten Inhalt in gewohnter Weise zu erklären und dabei auf die dafür notwendigen inhaltlichen Teile zurückzugreifen, werden Fragen gestellt, die zu diesen einzelnen Teilen hinführen, kurz: Statt eines Erklärvortrags gibt es einen **Fragenvortrag** (→ Infotafel 8). Auf diese Weise entstehen Vorstellungen davon, was gefragt werden kann und wie dies möglicherweise geschehen könnte.

Infotafel 8: Fragenvortrag (Auszug aus dem Kurzvortrag „Digitales Lernen")

Inhalte überarbeiten

- Mit welchen Formaten lassen sich Inhalte besonders gut aktualisieren?
- Geht das eher im Lehrgespräch oder mit einem Skript oder mit einem Erklärvideo?
- …

Neues aus der Methodenwelt

- Welche Rolle spielen Neuigkeitseffekte?
- Erinnern Sie sich an die Zeit, als man auf die Idee kam, Studierende präsentieren zu lassen? Wie war das am Anfang, und wie war es, als das in jeder Veranstaltung gemacht wurde?
- …

Methodische Vielfalt

- Welche Rolle spielt die Methodenvielfalt in Ihrer Lehre? Und in Ihrem Studiengang?
- Was ist, wenn alle Projektunterricht durchführen? Was ist, wenn alle Flipped Classroom anwenden?
- …

Digitale Lehre

- Was ist das Ziel von digitaler Lehre? Gibt es Unterschiede zur sogenannten analogen Lehre?
- Woran würden Sie erkennen, dass Studierende digital gelernt haben?
- …[51]

Der zweite Ansatz zur Bestimmung der Aufgabenform, die **Reizaufgaben-Analyse**, ist eine abgewandelte Form der Reizwort-Analyse, einer Kreativitätstechnik, bei der man versucht, mithilfe sogenannter Reizwörter auf neue Ideen zu stoßen. Die Reizwörter haben mit der ursprünglichen Fragestellung inhaltlich nichts zu tun; sie werden zufällig bestimmt und dann mit Adjektiven oder Halbsätzen beschrieben. Aus diesen Beschreibungen sollen neue Ideen, Verknüpfungen oder Zusammenhänge entstehen. Anders formuliert: Inhaltliche Aspekte, die mit der eigentlichen Problemstellung zunächst gar nichts zu tun haben, werden auf ihren möglichen Beitrag zu einer Ideenfindung hin untersucht.

Die Idee, sich von zunächst ganz anderen Dingen inspirieren zu lassen, wird hier auf die Entwicklung von Mini-Aufgaben übertragen. Anstatt aber auf Reizwörter mit ihren Merkmalen zurückzugreifen, werden bei dieser Technik andere Aufgaben, speziell Mini-Aufgaben, für die Aufgabenentwicklung herangezogen. Die Reizwort-Analyse wird also zu einer Reizaufgaben-Analyse, und die Lehrperson kann sich überlegen, ob eines der gezeigten Aufgabenformate möglicherweise auch für die gerade anstehende Aufgabe geeignet ist (→ Abb. 38).

Kreuzen Sie an, welche der folgenden Aspekte zu den unterschiedlichen Sichtstrukturen gehören:

- ☐ Organisationsform
- ☐ didaktische Methode
- ☐ kognitive Aktivität
- ☐ Individualisierung

„Super" ist ein oftmals gebrauchtes Wort der Umgangssprache. Finde mindestens fünf andere Wörter, die du anstelle von „super" verwenden kannst:

Ordnen Sie die folgenden Lernhandlungen nach der angeregten Intensität bzw. Tiefe der Verarbeitung (beginnend bei sehr intensiv):

Für gegebene Beispiele Passung bzw. Nichtpassung begründen: „Inwiefern ist dies ein Beispiel bzw. Gegenbeispiel?"

Identifizieren des Konzepts: „Welches dieser Beispiele passt zum Konzept bzw. zum Satz, welches nicht? Wieso?"

Ein mathematisches Konzept anwenden: „Finde Beispiele und Gegenbeispiele und erkläre, wieso sie (nicht) passen."

Bringen Sie die vier Quadranten der Eisenhower-Matrix in eine Rangfolge. Reihen Sie nach absteigender Priorität!

Priorität ☐ weniger dringend / sehr wichtig

Priorität ☐ sehr dringend / sehr wichtig

Priorität ☐ weniger dringend / weniger wichtig

Priorität ☐ sehr dringend / weniger wichtig

Abb. 38: Die Reizaufgaben-Analyse

2.5 Hintergründe

Nachdem in den vorherigen Abschnitten die schrittweise Entwicklung von Mini-Aufgaben beschrieben wurde, sollen an dieser Stelle noch einige weiterführende Überlegungen zu den einzelnen Schritten angestellt werden. Dabei werden zwei Aspekte in den Blick genommen:

- die **Erscheinungsformen des Wesentlichen** sowie die Bedeutung von diesbezüglichen Unterscheidungen (Was ist wichtig, was ist weniger wichtig?)
- die **Vielfalt der Lernhandlungen** und die dadurch möglichen Verarbeitungs- bzw. Aneignungsprozesse

Bei der Entwicklung von Mini-Aufgaben geht es darum, jene inhaltlichen Aspekte eines Lerngegenstandes zu bestimmen, die sich besonders für die Überführung in ein Aufgabenformat eignen. Dies bedeutet, in einem ersten Schritt die Verstehenselemente (auch: Erklärteile) auszumachen, welche die Lernenden verstanden haben müssen, um den jeweiligen Sachverhalt als Ganzes erfassen zu können, und die fachliche Struktur so in einzelne Elemente aufzufalten, dass jedes dieser fachlichen Elemente aus Sicht der Lernenden erkennbar, zugänglich und verständlich ist.

Aus der Verbindlichkeit gegenüber der Sache ergibt sich, dass eine bestimmte fachliche Basis unabdingbar ist (→ Zitat 4). Zwar mögen sich verschiedene Darstellungen punktuell unterscheiden, doch gibt es immer einen **nicht beliebigen fachlichen Kern**. Aus der Verbindlichkeit gegenüber den Lernenden ergibt sich, dass die zunächst fachlich geprägten Verstehenselemente an das Vorwissen, vor allem aber an das Vorverständnis der Lernenden „andocken" sollen. Das heißt, obgleich die Verstehenselemente fachlich bestimmt sind, werden sie **in ihrem Auflösungsgrad und in der Art der Formulierung aus der Sicht der Lernenden gedacht**.[52] Das Vorverständnis der Lernenden moduliert sozusagen die Feinabstimmung der Verstehenselemente.

Zitat 4: Barbara Drollinger-Vetter (2011): Notwendigkeit einer fachlichen Basis

„Das Endprodukt eines in fachlicher Hinsicht erfolgreichen Verstehensprozesses (...) [muss] bei jedem Lernenden mindestens in der folgenden Hinsicht ähnlich sein: Gewisse fachliche Elemente und gewisse Verknüpfungen zwischen diesen Elementen müssen vorkommen – wie auch immer diese im Gesamten ‚aussehen' und vernetzt sind."[53]

Lehrpersonen haben also die Aufgabe, die Verstehenselemente einer Sache zusammenzustellen. Bei diesem Prozess gilt es neben den erwarteten Lernergebnissen bzw. Lernzielen,

- das **Vorwissen und Vorverständnis der Lernenden** zu bedenken, um die einzelnen Verstehenselemente adaptieren zu können, sowie
- **eigene Annahmen oder Konzepte** (subjektive Theorien) – vor allem hinsichtlich des Lerngegenstandes – zu reflektieren, auch um fachliche „Selbstverständlichkeiten" (→ Kap. 2.4) im Blick zu behalten.

Verstehenselemente – und selbstverständlich auch wesentliche Verstehenselemente – können grundsätzlich in **unterschiedlichen Erscheinungsformen** (→ Infotafel 9) auftreten. Dies ist oftmals vom Fach abhängig, aber auch von der Granularität der jeweiligen Darstellung.

Infotafel 9: Verstehenselemente in verschiedenen Erscheinungsformen

- grundlegende Einsicht (z. B. Chemie: „Die chemischen Elemente lassen sich aufgrund ihrer Eigenschaften in eine systematische Ordnung bringen")
- Frage (z. B. Philosophie: „Was ist wahr?")
- formuliertes Gesetz (z. B. Physik: „Hebelgesetz")
- gültige Regel (z. B. Deutsch: „Steht der Nebensatz vor oder nach dem Hauptsatz, werden die Teilsätze durch ein Komma getrennt")
- prinzipielle Erkenntnis (z. B. Chemie: „Doppelbindungen sind weniger stabil als Einfachbindungen")
- Zusammenhang, Wirkung (z. B. Englisch: „Der englische Wortschatz ist von zahlreichen Sprachen beeinflusst, wobei der Einfluss des Lateinischen besonders stark war")

Die Entscheidung, welche Verstehenselemente als „wesentlich" ausgewiesen werden, fällt oftmals nicht ganz leicht. Dies mag erstens daran liegen, dass der Begriff „wesentlich" immer auch „wesentlich für eine bestimmte Zielgruppe" meint und somit die Erfahrungen, Kenntnisse und das Vorverständnis dieser Lernenden subsumiert. Zweitens kann es durchaus sein, dass sich Lehrpersonen hinter der Maxime „Alles ist wichtig" ein wenig verstecken. Hier greift eine Spielart der **Vollständigkeitsfalle**, die davon ausgeht, dass jedes Verstehenselement quasi die gleiche Berechtigung hat, vorgestellt und angeeignet zu werden.

In der Einleitung zu meinem Buch „Viel Stoff – wenig Zeit"[54] habe ich angemerkt, dass die Devise „Alles ist wichtig" möglicherweise beim Sicherheitscheck eines Flugzeugs gilt, aber nur sehr eingeschränkt in der Lehre. Erklärungen von Lehrpersonen werden beispielsweise dann als hilfreich und unterstützend wahrgenommen, wenn es gelingt, eine **Orientierung innerhalb der inhaltlichen Komplexität** zu ermöglichen, indem solche Verstehenselemente herausgearbeitet und akzentuiert werden, die in besonderer Weise dazu geeignet sind, ein Verständnis der Sache zu entwickeln.

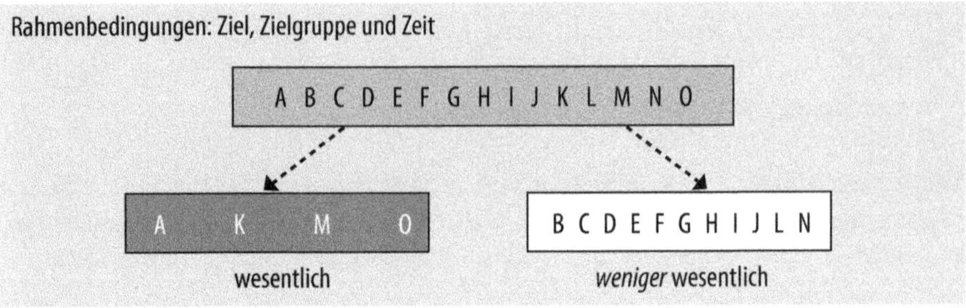

Abb. 39: Wesentliches und weniger Wesentliches unterscheiden

Wesentliches herauszuarbeiten bedeutet, Unterscheidungen zu treffen: Dieses ist besonders wichtig, jenes etwas weniger wichtig (→ Abb. 39; → Zitat 5). Eine solche Entscheidung gut begründet zu treffen ist nicht immer einfach, und sie ist stets sorgsam zu bedenken. Aber dies ist im Übrigen auch ein zentrales Kennzeichen von Fachleuten: Sie können unterscheiden, was wesentlich und was weniger wesentlich ist, und zwar abhängig von Zielgruppe, Lernziel bzw. Lernergebnis und Zeitbudget.

Zitat 5: Philip Hübl (2012): Wichtigkeit

„Wer sagt: ‚Alles ist wichtig', könnte auch sagen: ‚Nichts ist wichtig.'"[55]

Im ersten Schritt der Entwicklung von Mini-Aufgaben wurde gezeigt, wie die wesentlichen Verstehenselemente eines Lerngegenstands ermittelt werden können. Daran anschließend geht es im zweiten Schritt darum, die **Art der Auseinandersetzung mit dem Lernstoff** genauer zu bestimmen, also jene Lernhandlungen zu bezeichnen, welche die Lernenden im Rahmen der Mini-Aufgabe ausführen sollen. Dieses Vorgehen erfolgt ebenfalls im Sinne der „doppelten Verbindlichkeit" gegenüber Sache und Lernenden. Überlegungen hinsichtlich praktikabler Aneignungshandlungen nehmen sowohl Bezug auf die Sache („Was muss wie erschlossen werden?") als auch auf die Lernenden („Wie erschließen sich bestimmte Adressaten und Adressatinnen sinnvollerweise etwas?").

Die aufgeführten **Lernhandlungen** (→ Infotafel 10) sind grundsätzlich dazu geeignet, sich mit einer Sache auseinanderzusetzen bzw. sich diese zu erschließen. Die Auflistung ist heuristisch zu sehen; sie erhebt nicht den Anspruch, trennscharf oder zielgruppenspezifisch zu differenzieren, aber sie zeigt auf, welche Lernhandlungen prinzipiell angestoßen werden können.

Infotafel 10: Mögliche Lernhandlungen

Die aufgeführten Lernhandlungen machen deutlich, dass es eine Vielzahl an Möglichkeiten gibt, sich mit einem Sachverhalt auseinanderzusetzen und sich diesen anzueignen.

- **Nachvollziehen**, z. B. Zusammenhänge erfassen und begreifen
- **Verknüpfen**, z. B. das neue Wissen in Bekanntes „einbetten", Assoziationen bilden
- **Erklären**, z. B. den Stoff sinngemäß in eigenen Worten wiedergeben, einzelne Inhalte einer anderen Person erläutern
- **Fragen**, z. B. noch Unbestimmtes bzw. Unerklärtes bezeichnen, mögliche Lern- oder Prüfungsfragen formulieren
- **Konzentrieren bzw. Reduzieren**, z. B. Wesentliches herausarbeiten, kurze Zusammenfassungen erstellen, Inhalte anhand von Kriterien priorisieren
- **Ergänzen**, z. B. fehlende Begriffe, Kriterien oder Strukturelemente hinzufügen
- **Bearbeiten von Aufgaben**, z. B. etwas üben, rechnen, Beispiele und Anwendungen durcharbeiten
- **Visualisieren**, z. B. eine Grafik oder ein Bild anfertigen
- **Strukturieren**, z. B. als Strukturkarte, Schema, Netzplan, Mindmap oder Modell
- **Vergleichen**, z. B. Vergleiche bilden, Analogien finden
- **Einschätzen**, z. B. Sachverhalte anhand von Kriterien bewerten, Vor- und Nachteile erläutern
- **Reflektieren**, z. B. größere Zusammenhänge erfassen und vielfältige Bezüge herstellen
- **Finden von Alternativen**, z. B. weitere Handlungsoptionen aufzeigen, andere Beweisführung entwickeln
- **Kritisieren**, z. B. Informationen kritisch hinterfragen, Gegenargumente aufstellen
- **Hypothetisieren**, z. B. Hypothesen bilden und überprüfen
- **„Übersetzen"**, z. B. verschiedene Perspektiven einnehmen: theoretisch oder praktisch, aus der Sicht eines bestimmten Konzepts bzw. Ansatzes
- **Einbetten in Situationen**, z. B. praktisches Handeln anhand von Fallbeispielen überlegen, dafür kurze Checklisten entwickeln
- **Herstellen eines persönlichen Bezugs**, z. B. Nutzen reflektieren, eigene Annahmen oder Überlegungen überprüfen

Bei der Bearbeitung von Mini-Aufgaben bietet sich oftmals ein **zweistufiges Vorgehen** an: Im ersten Schritt wird eine eingeforderte Handlung vollzogen, die einen bestimmten Umgang mit dem Inhalt nahelegt. Dies kann beispielsweise bedeuten, etwas zuzuordnen, abzugrenzen, zu vergleichen oder zu ergänzen. Im folgenden zweiten Schritt wird dann die Begründung für das gewählte Vorgehen eingefordert: „Warum hast du dich für die Lösung bzw. dieses Vorgehen entschieden?“, „Begründen Sie Ihre Entscheidung!“ In der Kürze der verfügbaren Zeit kann dies bedeuten, ein geschlossenes Aufgabenformat (Single Choice, Multiple Choice) vorzugeben, von den einzelnen Lernenden eine Antwort einzufordern und diese anschließend im Paar- oder Kleingruppensetting diskutieren bzw. begründen zu lassen.

Hinsichtlich der Lernhandlungen gibt es oftmals fachspezifische Überlegungen, die in die zweckorientierte Systematisierung von Aufgaben einfließen. Beispielsweise gibt es in der Mathematik eine Zuordnung von Aufgabentypen zu unterschiedlichen Unterrichtssituationen. Diese Differenzierung benennt Lernhandlungen, welche gleichsam die mögliche Funktion einer entsprechenden Aufgabe bezeichnen, und ihnen zugeordnete Merkmale (→ Abb. 40). Dazu gehören:

- **Erkunden:** an Präkonzepte anknüpfen, offen sein für individuelle Lösungswege, aktive Wissenskonstruktion
- **Systematisieren:** konvergenzerzeugend, Brückenschlag zur „fertigen Mathematik“, Konservierung durch Dokumentation
- **Üben:** Förderung von Automatisierung und Reflexion, Erhöhen von Wissensqualität, Transfer und Vernetzung
- **Anwenden:** Stärkung von weitem Transfer, Kompetenzerleben
- **Überprüfen:** transparente Erwartungen, valide Operationalisierung, erlaubt Diagnose und Feedback[56]

Erkunden Die Freunde besuchen den Australienbereich im Zoo. Sie vergleichen die Größe der Gehege. Überlege, in welchen Gehegen die Tiere mehr Platz haben als in anderen. Finde verschiedene Wege, um zwei Gehege zu vergleichen.

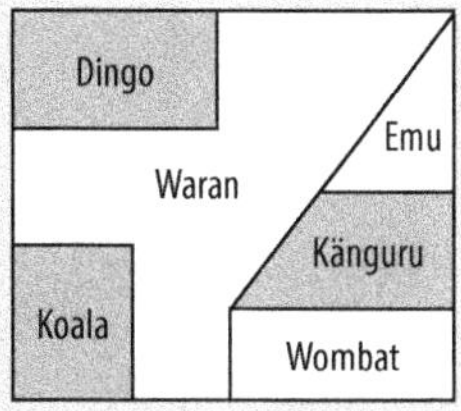

Systematisieren Die Freunde bestimmen den Flächeninhalt des Rechtecks unterschiedlich. Welche Rechnung gehört zu welcher Idee?

$2\ m^2 \times 3 = 6\ m^2$ $3\ m^2 \times 2 = 6\ m^2$

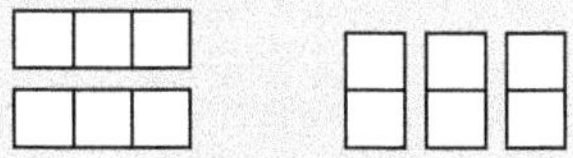

Üben Einem Löwen müssen mindestens 10 m^2 zur Verfügung stehen. Untersuche die folgenden Käfige darauf, ob sie groß genug für einen Löwen sind.

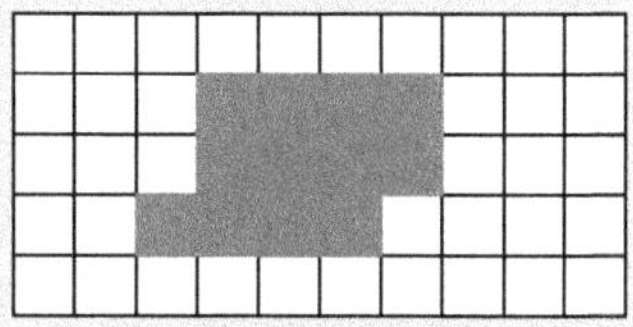

Anwenden Jedem Schüler steht laut Schulverordnung eine Pausenhoffläche von einem halben Quadratmeter zu. Für wie viele Schüler reicht dein Pausenhof?

Überprüfen Zeichne ein Dreieck mit dem Flächenmaß 20 cm^2.

Abb. 40: Aufgaben für unterschiedliche Zwecke – Beispiel: Flächeninhalt[57]

3 Mini-Aufgaben im Unterricht

Inhalt

Zusammenfassung

Gute Mini-Aufgaben stellen Aufmerksamkeit (3.1) her und sind im besten Fall herausfordernd, manchmal sogar überraschend. Zudem leisten Mini-Aufgaben einen dramaturgischen Beitrag, da sie in Phasen der Informationsaufnahme einen Haltepunkt setzen und den Lernenden die Gelegenheit bieten, das, was sie gehört, gesehen und diskutiert haben, mit dem zu vernetzen, was sie schon wissen oder können. Dazu passt ein unterrichtlicher Planungsansatz („Ein- und Ausatmen"), der sowohl die Außensicht als auch die Innensicht des Unterrichts einnimmt (3.2). Mini-Aufgaben zählen zu den methodischen Kleinformen, die allesamt ein eher geringes Zeitbudget beanspruchen. Diese sogenannten „kleinen" Methoden (3.3) wie etwa Murmelgruppe, Strukturlege-Technik oder Peer Instruction nutzen vergleichbare Aufgabenformate. Sofern es gelingt, aufseiten der Lernenden ein Staunen (3.4) hervorzurufen, ist eine inhaltliche Grundlage für die Auseinandersetzung mit der Sache gegeben. Mögliche Fragen, Einwände und Bedenken hinsichtlich des Mini-Aufgaben-Ansatzes werden formuliert und bestmöglich beantwortet (3.5).

3.1 Aufmerksamkeit lenken durch Mini-Aufgaben

Aufmerksamkeit ist nicht beliebig erweiterbar. Dies lässt sich gut nachvollziehen, wenn man einen kurzen Blick auf die drei **Stufen des Gedächtnisses** wirft: Wahrnehmungsspeicher, Kurzzeitgedächtnis und Langzeitgedächtnis. Diese unterscheiden sich hinsichtlich ihrer Speicherzeit – sie liegt beim Wahrnehmungsspeicher im Bereich von Zehntelsekunden bis Sekunden, beim Kurzzeitgedächtnis im Bereich von Sekunden bis Minuten und ist beim Langzeitgedächtnis unbegrenzt –, aber auch hinsichtlich ihrer Speicherkapazität. Während der Wahrnehmungsspeicher und das Langzeitgedächtnis große Informationsmengen aufnehmen können, ist das Kurzzeitgedächtnis in seiner Kapazität deutlich limitiert: Etwa sieben (+/– zwei)

Verarbeitungseinheiten können dort maximal gespeichert werden. Eine Verarbeitungseinheit kann ein Wort oder ein Satz, eine Ziffer oder eine Zahl sein, je nachdem, wie die Informationen gebündelt sind.

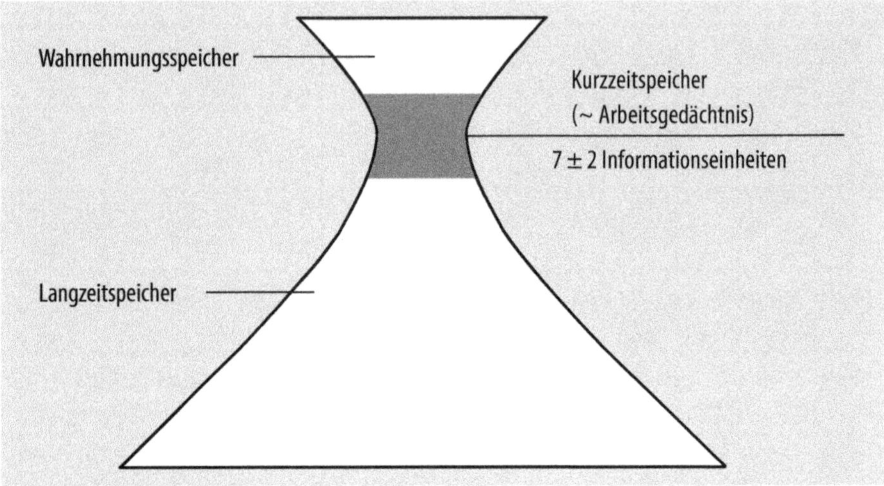

Abb. 41: Der Flaschenhals des Gedächtnisses

Der Umgang mit Lerninhalten wird demzufolge mithilfe eines Arbeitsgedächtnisses durchgeführt, das nur über eine **eng begrenzte Kapazität** verfügt, weil in diesem „Flaschenhals des Gedächtnisses" (→ Abb. 41) die über die Sinnesorgane einströmenden Informationen reduziert und verarbeitet werden. Wenn im Arbeitsgedächtnis aber nur Platz für sieben (+/– zwei) Informationseinheiten ist, dann muss die Aufmerksamkeit so gesteuert werden, dass die „richtigen" sieben Inhalte dort ankommen (→ Zitat 6). Die Ergebnisse neuerer Forschungsarbeiten deuten im Übrigen sogar eher darauf hin, dass sich zu einem gegebenen Zeitpunkt nicht mehr als zwei bis vier Einheiten verarbeiten lassen.[58]

Zitat 6: Christopher Chabris & Daniel Simons (2011): Aufmerksamkeit

„Für das menschliche Gehirn ist Aufmerksamkeit im Wesentlichen ein Nullsummenspiel: Wenn wir einem Ort, Objekt oder Ereignis größere Aufmerksamkeit zuwenden, bleibt für andere zwangsläufig weniger übrig."[59]

Da die Aufmerksamkeitsspanne des Arbeitsgedächtnisses relativ stabil ist, schränkt jede nicht lernbezogene Aktivität den eigentlichen Lernprozess ein. Dieser sogenannte **Split-Attention-Effekt** (→ Abb. 42) zeigt sich beispielsweise, wenn jemand eine foliengestützte Präsentation hält. Oft versuchen die Zuhörer und Zuhörerinnen, die im mündlichen Vortrag dargebotenen Informationen in den zeitgleich angebotenen Folien wiederzufinden. Wenn man aber spezielle Aufmerksamkeit aufwenden muss, um den Inhalt einer Folie dem gesprochenen Text zuzuordnen, dann fehlt diese Aufmerksamkeit bei der Auseinandersetzung mit den Lerninhalten. Gelingt es hingegen, die mündliche Erklärung und die visuell dargebotene Abbildung aufeinander zu beziehen, so reduziert sich die nicht lernbezogene Belastung weitgehend, und die Aufmerksamkeit gilt im Wesentlichen dem eigentlichen Lernen.

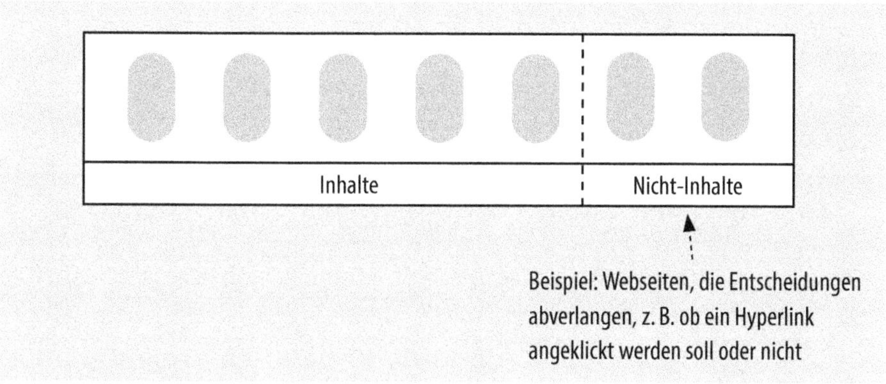

Abb. 42: Split-Attention-Effekt

Die geringe Aufmerksamkeitsspanne in Kombination mit dem Split-Attention-Effekt verweist zunächst darauf, dass es wichtig ist, Ablenkungen und Abschweifungen im Unterrichtsgeschehen möglich gering zu halten. Kurz: Die unterrichtliche Aufmerksamkeit gebührt der Auseinandersetzung mit der Sache. So betrachtet, können Mini-Aufgaben auch ein Hinweis darauf sein, dass unterrichtlich bedeutsame Dinge anstehen. Die Voraussetzung dafür ist, dass die Lehrperson die Mini-Aufgaben auch entsprechend ausrichtet, indem sie die Inhalte und Lernhandlungen der Mini-Aufgaben sozusagen als **Repräsentanten der inhaltlich bedeutsamen Aspekte** konzipiert.

Dieses Vorgehen lässt sich aus einer Perspektive bestätigen, welche die Aufmerksamkeit der Lernenden im unterrichtlichen Verlauf betrachtet. So wurden beispielsweise im Rahmen einer Untersuchung von Irene GERBIG-CALCANI das Verhalten und die Gedächtnisleistung von Studierenden während einer 60-minütigen Vorlesung in den Blick genommen. Während die Aufmerksamkeit der Studierenden durchschnittlich recht hohe Werte aufwies (on-task-Werte zwischen 80 und 100 Prozent), war die Erinnerungsleistung eher bescheiden und lag bei durchschnittlich etwa 25 Prozent. Fasst man die Leistungen des Erinnerns (Recall) und des Wiedererkennens (Recognition) zusammen, so liegen die Werte zusammen bei durchschnittlich etwa 40 Prozent (→ Abb. 43). Es zeigt sich zudem, dass das Aufnahmevermögen der Studierenden in regelmäßigen Abständen zu- bzw. abnimmt. In der genannten Untersuchung war dies in einem Abstand von etwa 15 Minuten der Fall. Die Studierenden scheinen also in solchen Abständen einen **Haltepunkt** zu benötigen, um das, was sie gehört, gesehen und diskutiert haben, tiefer mit dem zu vernetzen, was sie schon wissen oder können.[60]

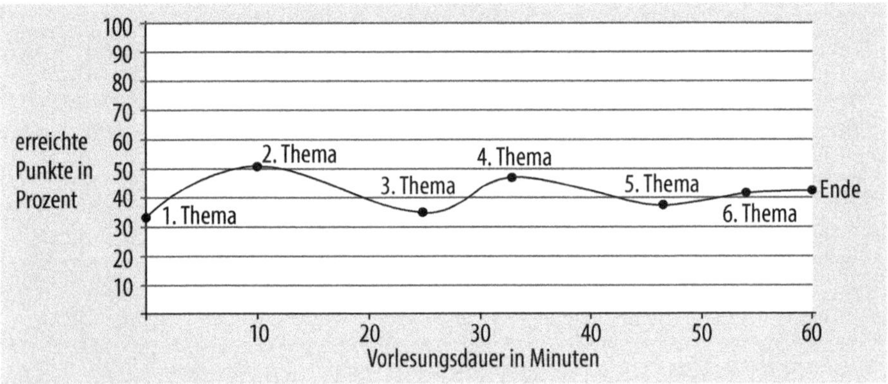

Abb. 43: Recall und Recognition im Laufe einer 60-minütigen Vorlesung[61]

Im Zusammenhang mit der unterrichtlichen Aufmerksamkeit spielt **das Vorwissen bzw. das Vorverständnis** der Lernenden eine zentrale Rolle. Wer über ein gutes Vorwissen verfügt, kann leichter erkennen, was bedeutsam ist. Die neuen Inhalte sind dann nicht nur einfach „Stoff", sondern haben eine Bedeutung; sie knüpfen an Bekanntes an, ermöglichen zusätzliche Sichtweisen, gehen partiell in die Tiefe oder erweitern die inhaltliche Breite. Wer nicht über das eigentlich notwendige Vorwissen verfügt, hat es schwerer und ist auf Zeichen angewiesen, welche die Bedeutung der gerade anstehenden Inhalte herausstellen. Mini-Aufgaben können diese Zeichen sein; sie sind deutlich wahrnehmbare Hinweise darauf, was wesentlich ist.

Mini-Aufgaben bezeichnen aber nicht nur wesentliche Lerninhalte, sie bieten auch die Gelegenheit für ein **Kompetenzerleben** und sind kleine, persönliche Zwischenbilanzen des Lernens. So tragen sie zur Orientierung der einzelnen Lernenden bei, indem sie bewusst machen, wo ein bestimmtes Wissen, Verstehen oder Können schon vorhanden ist und wo gegebenenfalls noch nachgeschärft und nachgearbeitet werden muss. Im besten Fall trägt das eigene Kompetenzerleben zur Motivation der Lernenden bei; diese spüren und erleben, dass sie inhaltlich vorankommen, sich die Sache erschließen und einem erfolgreichen Abschluss der jeweiligen Bildungssequenz näher kommen. Die Lehrpersonen erleben Mini-Aufgaben nicht nur als intendierten Aneignungsprozess der Lernenden, sondern auch als niederschwellige Form der Leistungsfeststellung, die ihnen hilft, auch aus der Perspektive der Lehre unterrichtliche Zwischenbilanzen aufzustellen und den Fortgang des Unterrichts daran auszurichten.

Mini-Aufgaben leisten zudem Beiträge zur **Lernmotivation**, das heißt zur aktuellen Bereitschaft einer Person, sich in einer konkreten Lernsituation intensiv mit einer Sache auseinanderzusetzen:

- Inhaltlich betrachtet, bieten Mini-Aufgaben die Möglichkeit, **das für die Zielgruppe Wesentliche herauszuarbeiten**, indem sie über konzentrierte Aufgabenstellungen die Bedeutsamkeit einer bestimmten inhaltlichen Facette ausweisen. Ein derartiger inhaltlicher Fokus schärft den Blick auf wichtige inhaltliche Strukturen und stärkt das Verständnis der Sache.
- Mini-Aufgaben bieten auch die unterrichtliche Bühne, um **praktische Bezüge** herzustellen – vorzugsweise über kleinere Anwendungs- und Transferaufgaben.
- Hinsichtlich des unterrichtlichen Ablaufs besteht die Möglichkeit, über den Einsatz von Mini-Aufgaben **die stärker darbietenden Phasen einzugrenzen**. Dies hat zur Folge, dass die Lernenden sich mit einem Aspekt des Lerngegenstandes auseinandersetzen, sich diesen erschließen und damit auch ein Verständnis für die Sache aufbauen. Zudem erhöht sich über die vollzogene eigene Aktivität die Aufmerksamkeit.
- Nicht zuletzt bieten Mini-Aufgaben auch die Möglichkeit für einen **verarbeitungsorientierten unterrichtlichen Ein- bzw. Ausstieg**.

Im besten Falle aber sorgen Mini-Aufgaben für Aufmerksamkeit: Sie sind oft herausfordernd, manchmal sogar überraschend, lebensnah und vielleicht sogar lustig. Auch aus der Perspektive des unterrichtlichen Verlaufs ist es sinnvoll, in bestimmten Abständen Mini-Aufgaben einzusetzen. Diese sind also nicht nur überdeutliche Hinweise auf inhaltlich bedeutsame Aspekte, sondern ebenso rhythmisierte Angebote zur Verarbeitung bzw. Auseinandersetzung mit den Inhalten. Sie bilden sozusagen **inhaltliche Leitsterne und dramaturgische Gipfelpunkte** und zeigen an, was inhaltlich wesentlich ist und wo eine aktive Auseinandersetzung geboten ist.

3.2 Unterrichtliche Planung („Ein- und Ausatmen")

Mini-Aufgaben können ihre Vorzüge dann besonders gut entfalten, wenn sie sinnvoll in einen unterrichtlichen Ablauf eingefügt werden und die Dramaturgie von Lehre wie Lernen befördern und stützen. Eine Planungsvariante, die an dieser Stelle hilfreich sein kann, nimmt zugleich die planerische **Außensicht und Innensicht** ein. In Anlehnung an die unterrichtlichen Sicht- und Tiefenstrukturen eines Lehr-/Lernprozesses (→ Kap. 1.2) bezeichnet die Außensicht die in der Regel direkt wahrnehmbaren methodischen, sozial-organisatorischen und ablaufbezogenen Aspekte von Unterricht. Recht leicht lässt sich also erkennen, mit welcher Methode und in welchem sozialen Arrangement gearbeitet wird und wie sich die jeweilige Lehr-/Lernphase in den Gesamtablauf einfügt. Die Innensicht hingegen bezeichnet vorrangig die Aktivitäten der Lernenden und versucht, ihre jeweils individuell ausgeformten Vorgehensweisen und Strategien zu erfassen sowie ihre jeweiligen Konstruktionsleistungen zu benennen. Diese beiden Sichtweisen greifen bei allen drei Aspekten, nach denen Methoden gewöhnlich differenziert werden (→ Abb. 44):

- **Sozialformen** bezeichnen das soziale Arrangement bzw. die Beziehungsstruktur; sichtbar ist die sozial-räumliche Gestaltung, nur bedingt sichtbar die sich entwickelnde Beziehungsdynamik.
- **Handlungsformen** bezeichnen das Handlungsarrangement; sichtbar ist das wahrnehmbare Verhalten der Lehrenden und Lernenden, nur bedingt sichtbar der Grad der kognitiven Aktivierung.
- **Verlaufsformen** bezeichnen den geordneten Ablauf der Lehr-/Lernphasen bzw. die Prozessstruktur; sichtbar ist die lehrseitig kommunizierte Steuerung der Lernschritte bzw. deren Umsetzung, nur bedingt sichtbar die angedachte Verlaufslogik.

Methode: Impulsvortrag

	Sozialform	Handlungsform	Verlaufsform
sichtbar	Plenum	Erklärung	Einstieg und Darbietung
kaum sichtbar	aufkommende Gruppenbildung	zuhören und mit Vorwissen verknüpfen	Vermittlung von Strukturen

Abb. 44: Dekomposition einer Methode: Innen- und Außensicht

In der unterrichtlichen Planung lassen sich Lernhandlungen berücksichtigen, indem das **Lehren vom Lernen her gedacht** wird und sich die Planung der einzelnen Lehr-/Lernschritte an dieser Logik orientiert. Praktisch geschieht dies in einer Form, die neben den üblichen Kategorien (Inhalt, Methode, Medium, Zeit) noch eine zusätzliche Kategorie bereitstellt, welche die angedachte Lernaktivität beschreibt. Ein auf Klaus W. DÖRING zurückgehendes Planungsmodell differenziert in heuristischer Weise zwischen Lernphasen, die eher kognitiv rezeptiv, und solchen, die eher kognitiv aktiv sind. DÖRING verwendet hierbei als **Analogie den Atmungsprozess** mit den beiden Phasen des Einatmens und Ausatmens. Idealtypisch stellen sich die beiden Kategorien aus der Perspektive der Lernenden wie folgt dar:

- **eher rezeptive Lernhandlungen** („Einatmen"): Die Lerninhalte werden aufgenommen und mit dem vorhandenen Wissen verknüpft. Typische Lernhandlungen sind Zuhören und Zuschauen, auch Lesen mit einer eher passiven Grundhaltung.
- **eher aktive Lernhandlungen** („Ausatmen"): Die Lerninhalte werden aktiv verarbeitet. Typische Lernhandlungen sind Rekonstruieren und Erläutern, Anwenden und Übertragen, Analysieren und Entwickeln.[62]

Die idealtypische Dualität von **„Einatmen/Ausatmen"** klassifiziert in einer einfachen, keineswegs aber trivialen Weise einzelne Lernphasen und hält dazu an, kognitive Aktivierungen bzw. Lernhandlungen bei der Planung mitzudenken. Die Phase „Einatmen" kann – über die reine Darbietung von Informationen hinaus – die Lernenden zum Denken und zur konstruktiven Auseinandersetzung mit dem jeweiligen Inhalt im Sinne eines Verstehens anregen. Insofern enthält sie auch aktive Elemente, ist aber doch im Wesentlichen durch Aufnahmeprozesse gekennzeichnet. Die Phase „Ausatmen" bezeichnet ganz wesentlich Verarbeitungsprozesse der Lernenden, also Lernhandlungen, die es anzustoßen gilt. Durch eine Mini-Aufgabe wird das „Ausatmen" angestoßen – und zwar in einer relativ kurzen Zeitspanne für möglichst viele Lernende. Daneben gibt es Mischformen wie etwa das Diskutieren, bei denen die Phasen der Informationsaufnahme und -verarbeitung einander abwechseln (→ Infotafel 11).

Gegenstand der Planung sind in der Regel eine Unterrichtseinheit oder mehrere Unterrichtseinheiten (Beispiel → Abb. 45), die drehbuchartig aufbereitet werden. Der jeweilige Lernstoff wird stichwortartig bezeichnet, die Methode wird benannt – mit Rückgriff entweder auf etablierte didaktische Termini oder auf subjektiv gefärbte Begrifflichkeiten – und das geplante Zeitbudget vermerkt. Zusätzlich wird die Art der vermuteten Lernhandlung festgehalten; ob die Lernenden tatsächlich die angedachten Lernprozesse durchführen, entzieht sich letztendlich der

Infotafel 11: „Einatmen/Ausatmen" – Lernhandlungen und didaktische Methoden

„Einatmen"

- Lernhandlungen: Zuhören, Schauen (ohne wesentliche Intention), „Surfen" (im Internet) usw.
- Didaktische Methoden: Lehr- bzw. Impulsvortrag, Demonstration, Vormachen (Unterweisung) usw.

„Ausatmen"

- Lernhandlungen: Anwenden, Aufgaben rechnen, Visualisieren, Vortragen, Präsentieren usw.
- Didaktische Methoden: Mini-Aufgaben, Einzelarbeit, Nachmachen (Unterweisung), Übung, Murmelgruppe, One-Minute-Paper usw.

Mischform (Kombination aus „Einatmen" und „Ausatmen")

- Lernhandlungen: Diskutieren, Recherchieren, Beobachten (anhand von Kriterien), Zusammenfassen usw.
- Didaktische Methoden: Diskussion, Projektunterricht, Gruppenarbeit, Peer Code Review (Informatik), Brainstorming, Exkursion (vorbereitet), Planspiel usw.

Die Differenzierung zwischen „Ausatmen" und Mischform ist nie ganz trennscharf, da bei allen aktiven Lernhandlungen auch mehr oder minder große Teile von „Einatmen" stattfinden. Insbesondere bei umfänglichen didaktischen Methoden wie beispielsweise dem Projektunterricht gibt es sowohl Anteile des „Einatmens" wie auch des „Ausatmens".

Kontrolle der Lehrperson. Eine stimmige Planung lässt sich daran erkennen, dass **Einatmen und Ausatmen einander abwechseln**; wenig sinnvoll wäre beispielsweise ein Setting mit zunächst drei Stunden Theorie, auf die dann drei Stunden Praxis folgen. Besser wäre eine feinere Verzahnung dieser Phasen bzw. Elemente.

Das Planungsmodell „Einatmen/Ausatmen" lässt sich auf unterschiedlichen Granularitätsstufen einsetzen. Ähnlich wie für die Planung von Unterrichts- bzw. Lehreinheiten kann es auch zur Planung von Erklärungen und den zugehörigen Aneignungshandlungen herangezogen werden. Auch hier steht der **Wechsel von eher rezeptiven und aktiven Phasen** des Lernprozesses im Vordergrund. Für den Prozess des Erklärens bedeutet dies, dass die eigentliche Erklärung, die im besten Fall bereits aktivierend wirkt, durch angeleitete Verarbeitungsprozesse wie Fragen oder Aufgaben bereichert wird (Beispiel → Abb. 46).

Inhalt	Methode	Lernaktivität	Zeit
Klassischen Tagesablauf mit Einzeltätigkeiten aufschreiben	Einzelarbeit	A	10 Min.
Eisenhower-Prinzip	Impulsvortrag	E	20 Min.
Eisenhower-Prinzip auf eigene Situation anwenden	Einzelarbeit, anschließend Austausch zu zweit	A	20 Min.
Kurzpräsentation einiger Arbeitsergebnisse + Diskussion	Kurzvorträge der Teilnehmenden mit Feedback	E/A	20 Min.
Pareto-Prinzip	Impulsvortrag	E	10 Min.
Beispiel aus der Berufspraxis	Mini-Aufgabe	A	5 Min.
…	…	…	…

E = Einatmen; A = Ausatmen; E/A = Mischform

Abb. 45: Planungsmodell „Einatmen/Ausatmen“ am Beispiel Zeitmanagement

Inhalt	Methode	Lernaktivität	Zeit
Teil 1	Kurzvortrag	E	10 Min.
Teil 1	Mini-Aufgabe	A	5 Min.
Teil 2	Kurzvortrag	E	10 Min.
Teil 2	Mini-Aufgabe	A	3 Min.
…	…	…	…

E = Einatmen; A = Ausatmen

Abb. 46: Planungsmodell „Einatmen/Ausatmen“, Integration einer Mini-Aufgabe

Einen Spezialfall stellt im universitären Bereich die **Vorlesung** dar. Bei diesem Lehrformat kann es sinnvoll sein, die oftmals stark oder sogar ausschließlich inputorientierte Lehre („Einatmen“) mit kleinen verarbeitungsintensiven Aktivitäten bzw. Phasen anzureichern. Gemeint ist in diesem Fall, dass sich das Verhältnis zwischen „Einatmen“ und „Ausatmen“ von 100 zu 0 Prozent in Richtung von 80–90 zu 10–20 Prozent entwickelt; nicht gemeint ist, dass aus einer Vorlesung eine Übung oder ein Workshop wird. Abb. 47 zeigt das Beispiel einer Vorlesung mit ergänzten Aktivierungsphasen.

Inhalt	Methode	Lernaktivität	Zeit
Teil 1	Vortrag	E	15 Min.
	Miniaufgabe	A	
Teil 2	Vortrag	E	20 Min.
Teil 3	Vortrag	E	10 Min.
	Miniaufgabe	A	
Teil 4	Vortrag	E	20 Min.
...	...	...	...

E = Einatmen; A = Ausatmen

Abb. 47: Planungsmodell „Einatmen/Ausatmen", Vorlesung ohne/mit Mini-Aufgaben

Es gibt empirische Hinweise darauf, „dass das **Einschieben von aktiven Verarbeitungsphasen** einen positiven Einfluss auf das Behalten der Lerninhalte über einen längeren Zeitraum hinweg zeigt, da das Teilen der Aufmerksamkeit sowie das Entwickeln von Elaborationen deutlich besser gelingt"[63]. Wiewohl es verschiedene Faktoren gibt, die das gewählte Lehr-/Lernsetting beeinflussen – man denke etwa an inhaltliche Klarheit, konstruktive Unterstützung usw. –, dürfen diese Hinweise doch als Beleg dafür gewertet werden, dass die Organisation und Unterstützung von lernseitigen Aneignungsprozessen auf das bessere Behalten der Inhalte wirkt. In diesem Sinne sind Mini-Aufgaben gut geeignet, um kurzfristige inhaltliche – möglichst verstehensorientierte – Auseinandersetzungen mit dem Lernstoff für möglichst viele Lernende in Gang zu bringen.

3.3 „Kleine" Methoden

Um die methodische Einbettung von Mini-Aufgaben zu besprechen, ist ein kurzer Blick auf methodische Kleinformen im Allgemeinen sinnvoll. Im Unterschied zu den methodischen Großformen beanspruchen die Kleinformen ein eher **geringes Zeitbudget** von wenigen bis zu etwa 20 Minuten, wobei jede Methode selbstverständlich zeitlich ausbaufähig ist (→ Infotafel 12). Demzufolge sind diese „kleinen" Methoden auch für den Einsatz in größeren Gruppen geeignet.

Infotafel 12: „Kleine" Methoden (auch für große Gruppen)

Einstieg

- **Hypothesenbildung:** Problem bzw. Fragestellung als Ausgangspunkt, dann Annahmen bzw. Vermutungen entwickeln
- **Fragenkatalog:** Sammlung von Fragen erstellen lassen, oft nach einem kurzen Input

Verarbeitung, Vertiefung

- **Mini-Aufgabe:** sachorientierte Problemstellung mit anschließender Meinungsbildung, z. B. „Wer ist für A? Wer für B? Wer für C? Und warum?"; auch Schätzfragen, Priorisierungsfragen usw.
- **Mini-Gruppenpuzzle:** eine Form der Gruppenarbeit, bei der alle Lernenden zum Zwecke der Erarbeitung und der Weitergabe von Wissen durchgängig aktiviert sind
- **Mini-Übungen:** kleinere Fertigkeiten oder Teilkompetenzen werden erprobt, geübt und trainiert
- **Murmelgruppe:** (am besten) zu zweit etwas diskutieren, erinnern usw., dabei am Platz bleiben, Ergebnisse evtl. ins Plenum bringen
- **Peer Instruction:** eine Aufgabe bzw. Frage alleine mit Voting-Tool bzw. Klicker beantworten, Ergebnisstatistik einblenden, dann Peer Discussion und erneutes Voting[64]
- **Strukturlegetechnik:** zentrale Begriffe eines Sachgebiets auf Karten schreiben und anschließend in eine stimmige Struktur überführen
- **Twitterwall:** Fragen formulieren und mittels mobilem Endgerät eingeben, sodass diese auf der Leinwand erscheinen

Leistungserhebung

- **Black-White-Technik:** eine Powerpoint-Folie (im Präsentationsmodus) mit der B-Taste bzw. W-Taste ausblenden, Frage „Woran erinnert ihr euch noch?"
- **Kurztest:** zu Beginn (davor Selbststudium) oder am Ende einer Lehreinheit
- **Millionenshow:** Fragen mit vier Auswahlmöglichkeiten beantworten, dabei Voting-App oder Klicker (A, B, C, D) verwenden
- **Zwischenbilanzen:** vor dem eigentlichen Ende des Lernprozesses Fragen nach der Güte des Lernprozesses und dem möglichen Lernertrag einbringen

Abschluss einer Lehreinheit

- **Blitzlicht:** Eine Frage wird mit einem Satz beantwortet, z. B. „Was war die zentrale Erkenntnis?".
- **One-Minute-Paper:** Auf einem Zettel werden die folgenden Fragen von allen Lernenden beantwortet: „Was war die wesentliche Erkenntnis?", „Wozu möchte ich noch mehr hören?".
- **Stichwortsalat:** Eine Sammlung von Stichworten (aus der zurückliegenden Einheit) wird den Lernenden präsentiert; diese überlegen, was ihnen inhaltlich zu den Stichworten einfällt, und notieren ihre Überlegungen oder tauschen sie in digitalen Kleingruppen aus.[65]

Exemplarisch sei hier die Ausrichtung dreier methodischer Kleinformen betrachtet: Ein kurzes Gruppenpuzzle steht für die durchgängige Aktivierung aller Lernenden zum Zwecke der Erarbeitung und der Weitergabe von Wissen; die Strukturlegetechnik steht für eine vertiefte inhaltliche Auseinandersetzung in Einzel- oder Gruppenarbeit; die Murmelgruppe steht für die kurzzeitige Aktivierung aller Lernenden. Diese und auch alle anderen methodischen Kleinformen lassen sich nicht immer trennscharf von den Mini-Aufgaben abgrenzen, was aber keineswegs bedauerlich ist, sondern durchaus auch didaktische Möglichkeiten eröffnet.

Die **Murmelgruppe** ist in der Regel gut mit einer Mini-Aufgabe kombinierbar. So kann beispielsweise bei einer Korrekturaufgabe, die im Aufgabenformat einer geforderten Kurzantwort gestellt wird (→ Abb. 48), ein anschließender Austausch zu zweit sinnvoll sein, um die angestellten Überlegungen zu besprechen und zu reflektieren. Die Lösungsvorschläge der Lernenden werden dann exemplarisch abgefragt. Bei bis zu 20 Lernenden wäre es zudem auch vertretbar, die entsprechende Kurzantwort eines Zweierteams auf einer digitalen Pinnwand bereitzustellen; bis zu zehn Lösungsvorschläge, die inhaltlich vermutlich nicht vollständig voneinander abweichen, können im Plenum durchaus besprochen werden.

Peter hat folgenden Satz in der letzten Klassenarbeit geschrieben: „Auf dem Mond erfahre ich weniger Gewichtskraft als auf der Erde, deshalb habe ich dort weniger Kilogramm." Der Lehrer hat Teile des Satzes rot angestrichen. Erkläre, was an Peters Satz falsch ist, und verbessere ihn.

Abb. 48: Mini-Aufgabe Physik, Thema Kraft[66]

Die Grundidee einer „kleinen" Methode lässt sich außerdem oftmals in einfacher Weise für eine Mini-Aufgabe nutzen. Hier zwei Beispiele:

- **Hypothesenbildung:** Anstatt im Plenum mögliche Hypothesen zu einem gegebenen Sachverhalt zu erfragen und deren Zweckgerichtetheit zu diskutieren, besteht auch die Möglichkeit, wenige denkbare Hypothesen vorzugeben, über eine Auswahlfrage eine Entscheidung einzufordern und diese dann gegebenenfalls begründen zu lassen.
- **Black-White-Technik:** Während in der klassischen Variante eher im Rahmen eines Lehrgesprächs nach den betreffenden Inhalten gefragt wird, kann dies auch als Einzelarbeit – eventuell mit sich anschließender Zweier-/Kleingruppenarbeit – sowohl analog als auch digital gestaltet werden.

Am Beispiel der **Strukturlegetechnik** lässt sich auch nachvollziehen, dass die digitale Variante der jeweiligen methodischen Form die Idee einer Mini-Aufgabe gut unterstützt. In der analogen Form werden die Lernenden dazu angehalten, die vorgelegten Begriffe in Einzel- oder Kleingruppenarbeit in eine ihrer Auffassung nach sinnvolle Struktur zu bringen. Beispiel: Mehrere Gruppen von Lernenden erhalten jeweils die gleichen zehn Karten, die mit Begriffen aus dem österreichischen Bildungssystem (AHS, BHS, Kolleg usw.) beschriftet sind. Danach bringen die Lernenden diese Karten in eine für sie stimmige Ordnung – an einer Pinnwand oder auf dem Fußboden. Nach wenigen Minuten werden die Ergebnisse im Plenum vorgestellt, diskutiert und die Unterschiede besprochen (→ Abb. 49). In einer digitalen Variante können die Begriffe über eine digitale Pinnwand (z. B. Padlet) bereitgestellt und entsprechende Strukturen mithilfe mehrerer digitaler Pinnwände erstellt werden. Eine Modifikation wäre die Vorgabe einiger denkbarer Lösungsstrukturen im Format der Auswahlaufgabe.

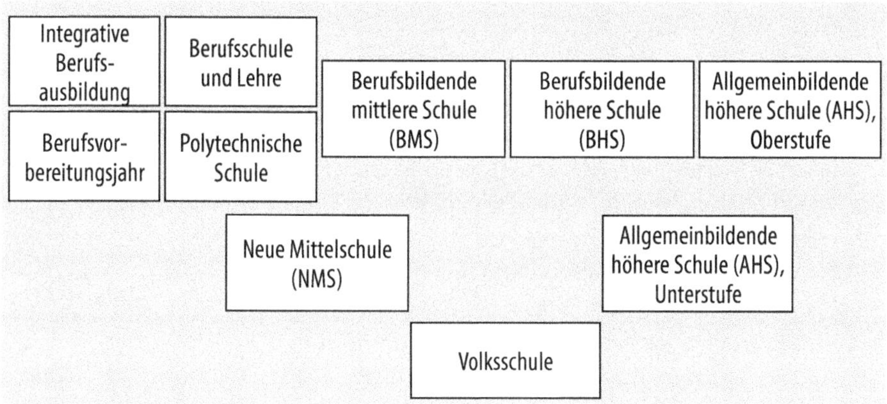

Abb. 49: Strukturlegetechnik – Beispiel: Österreichisches Bildungssystem[67]

Hinsichtlich der methodischen Einbettung von Mini-Aufgaben kommt den digitalen Bildungsformen sicherlich eine besondere Rolle zu. Grundsätzlich begünstigen sie aufgrund ihrer bildungstechnologischen Optionen die Gestaltung individueller Lernpfade durch die freie Wahl der Lernzeiten, eine teilweise individuelle Wahl der zu bearbeitenden Lernobjekte und die Bereitstellung von individuellen Rückmeldungen zu den erbrachten Lernleistungen. Aufgrund des mehrheitlich synchronen Charakters von Mini-Aufgaben beziehen sich die Möglichkeiten digitaler Formate hier allerdings insbesondere auf die Bereitstellung und Beantwortung der Mini-Aufgaben.

Über **digitale Tools** wie Microsoft Forms, Mentimeter, Quizlet, Kahoot usw. (→ Kap. 4.2) können Mini-Aufgaben bereitgestellt werden – und zwar in Präsenzveranstaltungen ebenso wie in Online-Settings. So gut wie alle digitalen Tools bieten die Möglichkeit, Auswahlfragen aufzubereiten – immer im Single-Choice-Format, oftmals auch im Multiple-Choice-Format. Darüber hinaus bieten die digitalen Tools weitere Aufgabenformate an, beispielsweise:

- Textfrage (mit langen oder kurzen Antwortalternativen)
- Bewertungsfrage (auch in Form einer Bewertungsmatrix)
- Rangfolgefrage (hier geht es um die Priorisierung von Elementen)
- Likert-Fragen (bei der Beurteilung eines Sachverhalts muss ein Wert auf einer vorgegebenen Skala zugeordnet werden)

Diese Tools bieten in der Regel die Möglichkeit, die Antworten der gesamten Lerngruppe in einer Übersicht darzustellen (z. B. als Tortendiagramm), welche den Lernenden anschließend zur Verfügung gestellt wird, um die eigenen Antworten reflektieren und gegebenenfalls auch mit anderen Lernenden diskutieren zu können.

Für Mini-Aufgaben lassen sich auch **digitale Pinnwände** wie Padlet, Oncoo usw. sinnvoll einsetzen. Hier gibt es die folgenden Umsetzungsmöglichkeiten:

- Kartenabfrage (z. B. für ein Brainstorming), auch: Clustern (von zusammenpassenden Karten) und anschließende Mehrpunktabfrage
- Strukturierung von inhaltlichen Aspekten (z. B. im Rahmen der Strukturlegetechnik)
- Schrittfolgen, Rezepte, Vorgehensmodelle (z. B. von Abläufen)
- Sammlungen (z. B. von Fragen, Hypothesen, Ideen)
- Visualisierung von Sachverhalten (duale Kodierung)

Fragen nach der besten Methode und der damit verbundenen Art der Lernaufgaben sind nur von eingeschränktem Nutzen; vielmehr bieten Kleinformen eine **Vielzahl an methodischen Inspirationen**. Oftmals führt gerade die Überlegung, wie ein traditionelles Aufgabensetting digital abgebildet werden kann, zu Formaten, die sich auch als Mini-Aufgabe eignen.

3.4 Staunen und Neugier

Mini-Aufgaben tragen im besten Falle dazu bei, Denkprozesse anzuregen, Neugier zu wecken und die Lernenden zum Staunen zu bringen. Wie hilfreich ein derartiges unterrichtliches Ansinnen sein kann, lässt sich bei Martin WAGENSCHEIN nachlesen. WAGENSCHEIN hat einen (physik-)didaktischen Ansatz entwickelt, der sich zentral mit dem Verhältnis von Erfahrung, Verständnis und Wissen beschäftigt. „Verstehen lehren" – so der Titel eines seiner bekanntesten Bücher (Erstveröffentlichung 1968) – ist die primäre Aufgabe der Lehrperson. Das **Verstehen-Lehren** – umgangssprachlich: die „Lust am Klarmachen"[68] – geht vom Begreifen der Phänomene[69] aus und versucht, über ein solchermaßen ursprüngliches Verstehen zu einem fachlichen Denken[70] zu gelangen.

Wenn WAGENSCHEIN die Forderung „Rettet die Phänomene" aufstellt, dann artikuliert er damit den seiner Auffassung nach wesentlichen **„Vorrang des Unmittelbaren"**[71] für das Verstehen von Sachverhalten: „Es genügt nicht, Sätze zu lehren (‚Die Erde läuft um die Sonne'); es genügt auch nicht, sie zu veranschaulichen (‚so wie dieser Apfel um die Lampe'). (…) Wir müssen verstehen lehren. Das heißt nicht: es den Kindern nachweisen, so daß sie es zugeben müssen, ob sie es nun glauben oder nicht. Es heißt: sie einsehen lassen, wie die Menschheit auf den Gedanken kommen konnte (und kann), so etwas nachzuweisen, weil die Natur es ihr anbot (und weiter anbietet). Und wie es dann gelang und je neu gelingt."[72]

Er rät davon ab, **zu früh im Lernprozess theoretisch orientierte Modelle** und Gesetze einzuführen, die dann ohne konkreten Bezug und damit auch ohne assoziative Haftung bleiben (→ Infotafel 13). Für den naturwissenschaftlichen Unterricht etwa warnt er davor, zu früh bereits „von Atomen und Elektronen zu erzählen, ehe sie sich zwingend aus Phänomenen aufdrängen. Man verfrüht Kenntnisse, also schlecht fundierte."[73] Seine Überlegungen illustriert WAGENSCHEIN an einem Beispiel aus der Lehrerbildung: „Studenten einer pädagogischen Hochschule (Wahlfach Physik) wurden damit bekannt gemacht (…), wie man einem Ei, ohne es zu zerbrechen oder zu durchleuchten, anmerken kann, ob es roh ist oder gekocht. Man lässt es über den waagrechten Tisch rollen und stoppt es kurz mit der Fingerkuppe ab, dass es haltmacht. Ist es roh, so setzt es sich nach kurzem Schreck hartnäckig wieder in Bewegung, während das Gekochte brav liegen bleibt. Wie das wohl zugehe, wurden sie gefragt. Ihre Reaktion war bemerkenswert und typisch (ich habe Entsprechendes oft erlebt): Sie fingen an von Molekülen zu reden. Der hilflose Rückgriff auf die nicht verstandene, weil nicht entstandene, abstrakte molekulare Hinterwelt verdunkelt den Blick auf den Gegenstand und zugleich das alltägliche Denkvermögen. (Das rohe Ei läuft wieder an, weil der flüssige Inhalt, nicht ganz zur

Ruhe gekommen, die Schale wieder mitnimmt. Ein Zugang: 1. zur Beharrungstendenz und 2. zur ‚inneren Reibung' der Flüssigkeit.)“[74]

Infotafel 13: Rettet die Phänomene! (Beispiel: Brown'sche Bewegung)

WAGENSCHEIN erläutert den Zugang zu einem physikalischen Sachverhalt über die Erscheinungen und warnt vor zu früher Abstraktion: „Seit ich zum ersten Mal diese ‚Brownsche Bewegung' kleiner Rutil-Kristalle im Dunkelfeld der Mikroprojektion gesehen habe, mit Kindern, nahe vor dem Schirm, plädiere ich dafür, allen Schulkindern diesen Anblick eines torkelnden Sternhimmels in Ruhe zu eröffnen. Man muß das gesehen haben! Es ist schwer begreiflich, daß nicht alle Schulen allen Kindern dieses fundamentale Phänomen zeigen, statt ihnen voreilig von Atomen und Elektronen zu erzählen. Man setze sie vor den Schirm und sage möglichst nichts. Sie sehen hier etwas Wirkliches. Den Idealfall vorausgesetzt, daß sie noch nichts von ‚Molekülen' ‚wissen' (oder daß man ihnen diesen Glauben erst einmal sokratisch wieder ausreden kann), eröffnet sich hier ein zwingender Vorstoß zur Diskontinuität und zu der modernen Einsicht, daß die in großen Dimensionen gewonnenen Begriffe im kleinen nicht ausreichen: Wir haben ein Motivations-, ein Initiations-Phänomen ersten Ranges vor uns. Die Fragen drängen sich: Warum bewegen sich die Stäubchen? Sind sie lebendig? Nein: auch gewöhnliche Rußbröckchen, Kristallsplitter, Fetttröpfchen tun das, wenn sie nur winzig genug sind. – Sie ‚bewegen sich' also gar nicht, nicht ‚freiwillig', tun selber nichts, tun nur mit! Wo aber ist der Treiber? – Das kann nur das Wasser sein. Aber das Wasser ist doch ganz still?“[75]

Die Arbeit an den Phänomenen ist allerdings nicht voraussetzungsfrei, und so identifiziert WAGENSCHEIN insbesondere „die Kurzstunde, die Flut des Stoffes und die Menge der Schüler“ als Hindernisse für eine Lehre, welche dicht an den Erscheinungen bleibt. Diese schulischen Rahmenbedingungen verführen den Lehrer [sic] dazu, „der auf ihn zentrierten, aufgereihten Gruppe die Sache ‚darzubieten' und, wenn die Sache ein Problem ist, ihre Aufmerksamkeit auf einen vorher bedachten und gewiss soliden Weg zu drängen, der ihm erlaubt, die im eigentlichen Sinne des Wortes ‚bedenklichen' Stellen, die Wirbel des Denk-Feldes zu umgehen, um schnell – denn er hat ja keine Zeit – an das ‚Ziel der Stunde' zu gelangen. Müssen wir uns nicht meist und notgedrungen gerade diese **Umgehungs- und Überrumpelungsdidaktik** angewöhnen, die den sicheren und erprobten Weg des geringsten Denkwiderstandes führt, während es doch darauf ankäme, die verwirrenden und doch saugenden Strudel aufzusuchen, sich gemeinsam mit den Lernenden von ihnen verschlingen zu lassen, um dann verwandelt wieder aufzutauchen?“[76] Es geht also nicht darum, einen Sachverhalt didaktisch zu inszenieren, sondern die Lernenden in die Lage zu versetzen, diesen – zumindest in Teilen – **aus eigener Kraft nachzuvollziehen** oder besser noch: „nachzuentdecken“ bzw. „nachzuentwickeln“.

Das Gegenteil einer „Umgehungsdidaktik" wäre im Grunde eine **Didaktik des Staunens**, die sich dem vermeintlich Selbstverständlichen – zumindest punktuell – widersetzen mag. Ähnlich wie beim philosophischen Staunen ginge es darum, in einer Welt des Wissens jene Dinge zu hinterfragen, die scheinbar so selbstverständlich daherkommen (→ Zitat 7). Staunen und Verwunderung bergen aber nicht nur für die Lernenden einen Ansatzpunkt für das Hinterfragen und Reflektieren, sondern auch für die Lehrpersonen. Gerade, wer seinen Stoff schon oftmals und auch durchaus – im positiven Sinne – routiniert vorgetragen hat, hat möglicherweise die Momente des Verstehens ein wenig aus dem Blick verloren. Dabei darf man mit Konrad LIESSMANN feststellen: „Es gibt nichts, das sich von selbst versteht."[77]

Zitat 7: Günther ANDERS (1993): Selbstverständliches

„Die Chance des Philosophen besteht in seiner Unfähigkeit, das Wort ‚selbstverständlich' zu verstehen. Seine Tugend in der Fähigkeit, diese Unfähigkeit allen Anfechtungen zum Trotz durchzuhalten".[78]

Eine aktuelle Studie bekräftigt den Hinweis auf die **Bedeutung von Neugier und Staunen für Lernprozesse**. In dem Experiment hatten die Testpersonen die Aufgabe, 100 Fragen aus den Bereich Allgemeinwissen zu beantworten und dabei jeweils einzuschätzen, wie nah an der korrekten Antwort sie mit ihrer Antwort liegen würden. Nachdem die Fragen aufgelöst wurden, sollten die Testpersonen angeben, wie überrascht sie vom Ergebnis waren. In einer anschließenden zweiten Fragerunde – nun mit den zuvor falsch beantworteten Fragen – waren die Antworten insgesamt natürlich häufiger korrekt. Dabei hing die richtige Beantwortung der Fragen insbesondere davon ab, wie überrascht die Testpersonen von ihren zuvor gezeigten Leistungen waren. Wer gedacht hatte, es besser zu wissen, aber falsch geantwortet hatte, hatte im Regelfall den besten Lernerfolg. Neugier entsteht, wenn man überrascht ist. Und überrascht ist man am meisten, wenn man denkt, man wüsste etwas, und dann trotzdem danebenliegt.[79]

In einer anderen Studie konnte aufgezeigt werden, dass auch die **Konfrontation mit möglichen Fehlinterpretationen oder Missverständnissen** den Lernprozess befruchten kann. Präsentiert wurden Erklärvideos, welche die Bewegungsgesetze der Newton'schen Mechanik zum Gegenstand hatten. Vier Gruppen von Testpersonen wurde jeweils ein Video vorgestellt: Der ersten und zweiten Gruppe wurde eine klassische Vorlesung bzw. eine Vorlesung mit Beispielen vorgespielt. Die dritte und vierte Gruppe sah eine Vorlesung, in der typische Missverständnisse in der Mechanik behandelt wurden, bzw. einen aufgezeichneten Dialog zwischen einer Lehrperson und einem Schüler, in dem Missverständnisse des Schülers besprochen wurden. Obgleich die Testpersonen der dritten und vierten Gruppe angaben, dass sie die Videos irritiert hätten, stellte sich heraus, dass sie bei einem anschließenden Verständnistest Anwendungs- oder Transferaufgaben vergleichsweise besser bearbeiten konnten als die Personen der beiden anderen Gruppen. Im Übrigen war dieser Effekt bei Testpersonen mit geringen Vorkenntnissen besonders deutlich. Es scheint also so zu sein, dass die Konfrontation mit möglichen Fehlinterpretationen oder Missverständnissen zunächst irritiert und überrascht – möglicherweise, weil eigene Fehlinterpretationen vorweggenommen werden –, dann aber zu einer Auseinandersetzung mit der Sache führt, die auch als Neugierverhalten charakterisiert werden kann.[80]

Neugier und Staunen können auch entstehen, wenn **Sachverhalte miteinander in Beziehung gesetzt, kontrastiert und verglichen werden**. Das kann beispielsweise umgesetzt werden, indem unterschiedliche Lösungswege, korrekte und falsche Lösungen oder korrekte und inkorrekte Abbildungen verglichen werden. In jedem Fall wird die verständnisorientierte Auseinandersetzung mit der Sache gefördert. In gewisser Weise geht es dabei auch darum, „das Lernen schwerer zu machen, um nachhaltiges Lernen und Verstehen zu erreichen"[81]. Oftmals wirkt die klare, gut nachvollziehbare und möglichst widerspruchsfreie Wissenspräsentation weniger nachhaltig als das Einbringen von kleineren fachlichen Irritationen und Überraschungen, die ein guter Nährboden für Verständnisprozesse sein können. In diesem Sinne ist es auch zu verstehen, wenn Susanne PREDIGER und Gerald WITTMANN die Entwicklung von **Fehlerbearbeitungsaufgaben** empfehlen, die nach zunehmendem Anspruch eingeordnet werden können:

- „Finden und Widerlegen von typischen syntaktischen und semantischen Fehlern (‚Was ist hier falsch? Begründe.', ‚Welche Regel wurde gebrochen?')
- Finden von versteckten Fehlern (‚Hier findest du zwei Lösungen/Argumentationen mit widersprüchlichen Ergebnissen. Wo könnte der Fehler stecken?')
- Identifizieren und Erklären von Fehlermustern (‚Wie hat X hier gedacht/gerechnet?')
- Rekonstruktion von Fehlerursachen in kognitionsorientierten Aufgaben (‚Welche Idee oder Fehlvorstellung steckt wohl hinter dem Fehler? Wieso ist diese nicht tragfähig? Erkläre.')
- Entwicklung von Fehlerbearbeitungsstrategien (‚Wie würdest du Y helfen?')"[82]

Das **Erschließen einer Sache**, das auch auf Neugier und Staunen setzt, lässt sich sogar in einer bildungstheoretischen Lesart abbilden: Gemäß Wolfgang KLAFKIS Ansatz der kategorialen Bildung erschließt sich der Mensch konkrete Bildungsinhalte einer Wirklichkeit, während er gleichzeitig selbst über bestimmte Einsichten und Erfahrungen für diese Wirklichkeit erschlossen, also „aufgeschlossen" wird. Dabei sorgen die Bildungsinhalte für Überraschung und Irritation; der Mensch reagiert mit Staunen und Neugier (→ Abb. 50).

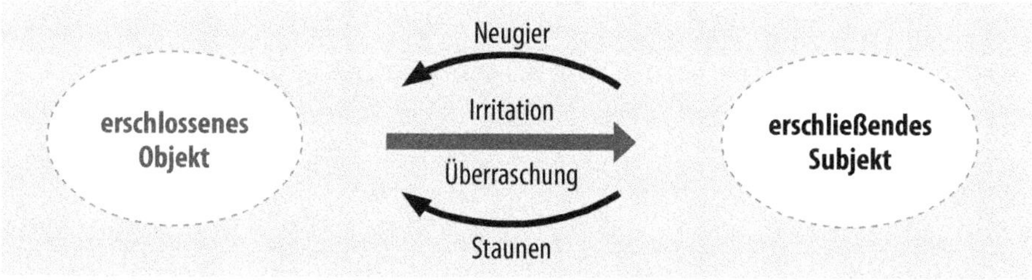

Abb. 50: Kategoriale Bildung nach KLAFKI: Erschließen und Erschlossensein

Mini-Aufgaben sind ein probates Mittel, um die Lernenden mit **überraschenden oder irritierenden Aspekten einer Sache** zu konfrontieren. Dies geschieht oftmals verstehensorientiert und fordert zur Reflexion von Annahmen und Hypothesen auf oder lädt zur Anwendung und zum Transfer des Gelernten ein. Da die Mini-Aufgaben das Sich-Auseinandersetzen und Sich-Aneignen der Lernenden unterstützen, werden sie im Regelfall als Lernaufgabe und nicht als Aufgabe zur Überprüfung eingesetzt.

Ganz anders als bei dem von WAGENSCHEIN als „Umgehungs- und Überrumpelungsdidaktik" beschriebenen Vorgehen, also dem friktionsfreien, „glatten" und hinterfragungsarmen Darbieten und Darstellen des Lerninhaltes, geht es hier um die inhaltliche Auseinandersetzung, bei der nachgedacht, überlegt und eben auch hinterfragt wird. Fehler zu machen ist partiell willkommen – jedenfalls solange es als **produktives Fehlermachen** zu einem wirklichen Verständnis beiträgt. Ein didaktisches Vorgehen, das Staunen und Verwunderung als Möglichkeiten begreift, kann beispielsweise über Mini-Aufgaben kleine Impulse setzen.

3.5 Exkurs: Fragen, Bedenken und Einwände

Im Folgenden werden einige mögliche Bedenken und Einwände hinsichtlich der Grundidee der Mini-Aufgaben, ihrer Konstruktionsprinzipien und ihres Verwendungszwecks formuliert. Dabei spielt die subjektive Seite dieser Bedenken eine Rolle, denn oftmals speisen sie sich aus Alltagskonzepten, die durch die Verarbeitung persönlicher Erfahrungen entstanden und biografisch geprägt sind.

Ein immer wieder anzutreffender Einwand bezieht sich auf die eigene Praxis der Aufgabenstellung und zweifelt den Neuigkeitswert von Mini-Aufgaben an:

- „Ich setze häufig **Quizfragen** in meinem Unterricht ein und kann nicht erkennen, was das Besondere an den Mini-Aufgaben sein soll."

Tatsächlich ist es oftmals so, dass Lehrende mit kurzen Aufgabenstellungen arbeiten, die sie als „Quizfragen" einordnen. Ob es sich dabei um Mini-Aufgaben handelt, lässt sich im Kern durch einen zweifachen Check ermitteln: Zum einen ist zu prüfen, inwieweit die Quizfragen Verarbeitungsprozesse der Lernenden anstoßen, im besten Fall das Verständnis der jeweiligen Sache einfordern und den Ratefaktor weitgehend ausschließen. Es ist ein Missverständnis, wenn man annimmt, dass schwierige Aufgabenstellungen auch notwendig Verarbeitungsprozesse anstoßen. Fragt man beispielsweise, was sich am 12. Februar 1253 ereignet hat, so werden die Lernenden dies häufig nicht nur nicht beantworten können, sondern es werden in der Regel auch kaum Verarbeitungsprozesse in Gang gesetzt, da auf kein relevantes Vorwissen zurückgegriffen werden kann. Zum anderen ist zu prüfen, ob bei der Beantwortung der Quizfragen auch sämtliche Lernenden erreicht werden. So werden im Unterrichtsgespräch häufig Fragen gestellt, die dann aber nur von einer Person (meist aus einer kleinen Gruppe von aktiv Lernenden) beantwortet werden. Im Gegensatz hierzu ist bei einer Mini-Aufgabe eine Antwort bzw. eine Stellungnahme aller erforderlich.

Am Beispiel zweier Aufgaben mit ähnlichem Thema, bei denen wir noch einmal auf die eingangs erwähnte Metallplatte mit Loch eingehen, lässt sich verdeutlichen, wie Sachverständnis in einer Aufgabenstellung eingefordert werden kann (→ Abb. 51; → Kap. 1.1). Stellt man diese Aufgaben etwa in der Sekundarstufe 2 oder auch in der Hochschule, dann wird Aufgabe 1 von den meisten Personen richtig beantwortet, da allgemein bekannt ist, dass sich Metalle bei Erwärmung in der Regel ausdehnen. Ein besonderes Verständnis dieses Sachverhalts ist zur Beantwortung der Frage nicht erforderlich. Anders verhält es sich bei Aufgabe 2. Selbst wenn man weiß, dass sich Metalle bei Erwärmung ausdehnen, ist die Antwort nicht offensichtlich. Es ist notwendig, dieses Wissen auch anzuwenden: Was bedeutet es denn für eine Metallplatte mit Loch, dass sich Metalle bei Erwärmung ausdehnen? Erst wenn man diesen Sachverhalt konsequent durchdenkt, kommt man darauf, dass sich das Loch vergrößert, weil die Ausdehnung nicht nur nach innen und nach außen stattfindet, sondern auch in Richtung des Kreises.

Aufgabe 1	**Aufgabe 2**
Eine Metallplatte wird erwärmt. Welche der folgenden Aussagen ist richtig?	Die Temperatur einer Metallplatte mit Loch wird erhöht. Welche der folgenden Aussagen ist richtig?
(A) Die Platte dehnt sich aus.	(A) Das Loch vergrößert sich.
(B) Die Platte verkleinert sich.	(B) Das Loch verkleinert sich.
(C) Die Platte bleibt gleich groß.	(C) Das Loch bleibt gleich groß.

Abb. 51: Aufgaben mit geringer und hoher Verstehensorientierung

Zusammengefasst darf man feststellen, dass die sogenannte Quizfrage gelegentlich **mit der Abfrage von Faktenwissen verwechselt** wird. Sofern es einen unterrichtlichen Bezug gibt, werden diese Fragen häufig von sehr vielen Lernenden richtig beantwortet. Gute Mini-Aufgaben hingegen fordern bei ihrer Beantwortung ein gewisses Sachverständnis ein – etwa bei einer Anwendung oder einem inhaltlichen Transfer. Zudem sprechen Mini-Aufgaben ausdrücklich alle Lernenden an.

In Bezug auf das konkrete Format der Mini-Aufgaben gibt es verschiedene Fragen, die sich wie folgt bündeln lassen:

- „Da ich Mini-Aufgaben bislang nicht bewusst einsetze, würde ich gerne wissen, wie sie das Unterrichtsgeschehen bereichern; gibt es also **gute Gründe**, Mini-Aufgaben einzusetzen?“
- „Hinsichtlich der Wahl der Aufgabenstellung höre ich immer wieder, dass **komplexe und kompetenzorientierte Aufgaben** den Lernprozess in besonderer Weise befördern. Wenn also längere, umfangreichere und komplexere Aufgabenstellungen in besonderer Weise kognitiv aktivieren, warum soll ich dann Mini-Aufgaben einsetzen?“

Die Frage nach der Argumentation für die Verwendung von Mini-Aufgaben lässt sich in mehrerlei Hinsicht beantworten: Erstens sprechen Mini-Aufgaben, sofern sie entsprechend konzipiert sind, die Tiefenstrukturen des Unterrichts an und beeinflussen insofern das Lernen deutlich stärker als die offenkundig sichtbaren Strukturen wie beispielsweise die didaktischen Methoden. Zweitens bieten Mini-Aufgaben die Gelegenheit, das für die jeweilige Zielgruppe und die unterrichtliche Zielstellung Wesentliche zu bezeichnen; sie stellen im besten Fall unterrichtliche Bedeutsamkeit her. Drittens leisten Mini-Aufgaben einen dramaturgischen Beitrag, da sie die Informationsaufnahme unterbrechen und als Haltepunkte den Lernenden die Gelegenheit offerieren, das, was sie gehört, gesehen und diskutiert haben, tiefer mit dem zu vernetzen, was sie schon wissen oder können. Viertens fördert ein zentrales Gestaltungselement der Mini-Aufgaben, nämlich in eher kurzer Zeit möglichst viele Lernende anzusprechen und im besten Fall auch kognitiv zu aktivieren, das durchschnittliche Verarbeitungsniveau in der Lerngruppe.

Der Hinweis auf den scheinbaren Widerspruch zwischen den oftmals genannten Merkmalen kognitiv aktivierender Aufgaben – eher länger, umfangreicher und komplexer als vergleichbare Aufgaben mit geringem Aktivierungspotenzial – und dem Format der Mini-Aufgaben lässt sich auflösen, wenn man kognitive Aktivierung als den Prozess des Bewusstwerdens eines Problems bei den Lernenden auffasst und die konstruktive Unterstützung als die Begleitung des dadurch in Gang gesetzten Problemlöseprozesses. Die Leistung einer Mini-Aufgabe besteht dann insbesondere darin, etwas Verstehenswertes zu bezeichnen und eine Verstehensleistung von den Lernenden einzufordern. Zudem lässt sich gerade bei eher lernschwächeren Lernenden beobachten, dass sie sich „ausklinken", je länger die Aufgabe ist und je mehr dauerhafte Konzentration sie einfordert. Mini-Aufgaben bieten insofern die Chance, eine echte „Breitenwirkung" in der Lerngruppe zu entfalten.

Fragen bzw. Bedenken gibt es auch hinsichtlich der inhaltlichen Ausrichtung bzw. Schwerpunktbildung der Mini-Aufgaben:

- „Warum ist es erforderlich, noch einmal extra darauf zu verweisen, welche **inhaltlichen Aspekte** besonders wichtig sind und welche nicht? Das ergibt sich doch mehr oder weniger von selbst aus dem dargebotenen Unterricht."
- „Warum soll ich den unterrichtlichen Fluss unterbrechen? Prinzipiell ist es doch besser, viel Stoff zu bringen. Eine **hohe Stoffdichte** ist – zumindest indirekt – letztlich auch ein Ausweis von unterrichtlicher Qualität."

Die Annahme, es sei für die Lernenden stets offensichtlich, welche inhaltlichen Aspekte wesentlich bzw. weniger wesentlich sind, ist durchaus optimistisch. Um aber die Bedeutsamkeit von Lerninhalten einschätzen zu können, bedarf es einer inhaltlichen Referenz, also etwa eines gut ausgebildeten Vorverständnisses von der jeweiligen Sache oder eines Erfahrungswissens aus dem alltags- oder berufspraktischen Anwendungsbereich dieses Lerngegenstands. Vereinfacht gesprochen: Es bedarf einer halbwegs stabilen inhaltlichen Basis, um haltbare Einschätzungen über die Relevanz eines neuen Lerngegenstands abgeben zu können. Dies ist beispielsweise bei Schülerinnen und Schülern eher selten der Fall; bei berufsbegleitend studierenden Hochschülern und Hochschülerinnen im Vergleich zu sogenannten Vollzeitstudierenden ist dies dagegen eher der Normalfall.

Es ist aber nicht nur so, dass die fehlende inhaltliche Referenz aufseiten der Lernenden die Identifikation von wesentlichen Inhalten erschwert; dazu kommt auch, dass aufseiten der Lehrenden oftmals unterschiedliche Vorstellungen davon existieren, was denn aus welchen Gründen wesentlich ist. In der einen Ausprägung dieses Umstands liegt oftmals ein unterrichtlicher Ansatz vor, bei dem es im Fokus steht, „Stoff zu bringen"; im Sinne der „Vollständigkeitsfalle"[83] ist also alles irgendwie wichtig und bedeutsam. In der anderen Ausprägung dieses Umstands hat man es oft mit Fachleuten des jeweiligen Gebiets zu tun, die aus ihrer jeweiligen Perspektive (der „fachlichen Brille") andere Schwerpunktbildungen vornehmen (→ Abb. 52) und dies auch entsprechend begründen.

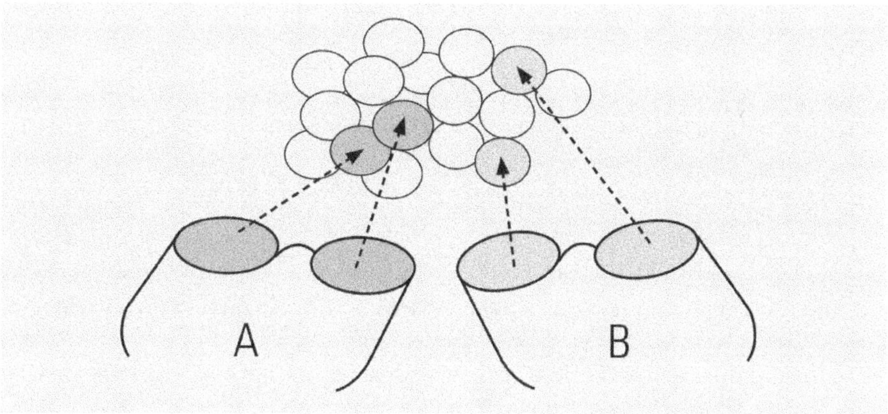

Abb. 52: Das Wesentliche und die verschiedenen „Brillen"

Mini-Aufgaben bieten also die Möglichkeit einer **gezielten inhaltlichen Schwerpunktsetzung** für die Lernenden, die in Lehr-/Lernprozessen grundsätzlich nicht als selbstverständlich anzunehmen ist. Dabei ist hinzuzufügen, dass vermutlich selbst „gute Aufgaben" erst dann von den Lernenden verständnisorientiert wahrgenommen und bearbeitet werden, wenn ihnen der Stellenwert der jeweiligen Aufgabe im unterrichtlichen Kontext klar ist. Ergänzend zur inhaltlichen Orientierung für die Lernenden besteht aber auch für die Lehrpersonen die Möglichkeit, sich inhaltlich zu positionieren – auch im Diskurs mit den Fachkollegen und Fachkolleginnen.

Von einer Unterbrechung des unterrichtlichen Flusses kann sicherlich kaum die Rede sein, da bewusst eingesetzte „Haltepunkte" die verständnisorientierte Auseinandersetzung mit der Sache und damit den Prozess der Aneignung unterstützen können. Dies liegt insbesondere an den Schwankungen der Aufmerksamkeit der jeweiligen Lerngruppe; eine bewusst vorgenommene Rhythmisierung der Lerntätigkeiten im Sinne des „Ein- und Ausatmens" erweist sich in diesem Falle als sinnvoll und hilfreich. Im Übrigen ist der Einsatz von Mini-Aufgaben kein Problem für Lehrveranstaltungen mit einer hohen, aber durchaus noch der jeweiligen Zielgruppe angemessenen Stoffdichte. Im Unterschied etwa zu längeren Kleingruppenarbeiten beanspruchen die Mini-Aufgaben lediglich ein geringes Zeitbudget von nur wenigen Minuten.

Der letzte Bereich möglicher Bedenken fokussiert weitgehend organisatorische Aspekte:

- „Der **Aufwand** für die Erstellung von Mini-Aufgaben ist relativ hoch."
- „Die **Vorbereitung im Klassenraum** ist oftmals aufwendig."

Tatsächlich ist es so, dass Mini-Aufgaben – vergleichbar mit vielen anderen Lehrtechniken – in hohem Maße qualitativ bestimmt sind. Es ist also nicht entscheidend, ob das methodische Format der Mini-Aufgabe grundsätzlich eingesetzt wird oder nicht, sondern ob die Mini-Aufgaben von einer hohen didaktischen Güte sind. Etwas umgangssprachlich formuliert: Es ist nicht so wichtig, *dass* Mini-Aufgaben in das Lehr-/Lerngeschehen eingebracht werden, sondern dass es sich in diesem Fall um ausgesprochen *gute* Mini-Aufgaben handelt, welche die Lernenden in angemessener Weise herausfordern und deren individuelle Aneignungsprozesse befördern. So gesehen, ist es also auch für die Lehrpersonen durchaus eine Herausforderung, *gute* Mini-Aufgaben zu konstruieren; dieser Aufwand ist aber durch den unterrichtlichen Ertrag gerechtfertigt. Zudem lassen sich einmal entwickelte Mini-Aufgaben natürlich immer wieder einsetzen.

Der Aufwand für die unterrichtliche Vorbereitung einer Mini-Aufgabe speist sich aus zwei Quellen: Zum einen muss die Lehrperson die Aufgabenstellung nennen bzw. darbieten – im einfachen Fall mündlich als Auswahlaufgabe mit zwei oder drei Auswahlmöglichkeiten, im etwas aufwendigeren Fall als vorbereitete Präsentation mit beliebigen Aufgabenformaten. Zum anderen gilt es dafür Sorge zu tragen, dass die Lernenden ihre Lösung einbringen können – im einfachen Fall durch Aufzeigen (von Händen oder farbigen Karten) bei Auswahlaufgaben, im etwas aufwendigeren Fall mithilfe eines Online-Tools, das sowohl die Beantwortung von Auswahlaufgaben als auch das Zusammentragen von Kurzantworten usw. ermöglicht. Hier ist es aber wie bei vielen unterrichtlichen Aktivitäten: Einmal vorbereitet, stehen diese Mini-Aufgaben für viele unterrichtliche Anlässe und Situationen bereit; die Investition in die Vorbereitung von Mini-Aufgaben kann also durchaus lohnend sein.

4 Beispiele

Inhalt

Zusammenfassung

Beispiele aus verschiedenen Lehrfächern (4.1) illustrieren die Einsatzmöglichkeiten von Mini-Aufgaben und können gleichsam Inspiration für selbst zu entwickelnde Aufgabenstellungen sein. Je nachdem, ob der Einsatz im traditionellen Präsenzunterricht oder in der Online-Lehre erfolgt, sind die Mini-Aufgaben auf analoge bzw. digitale Tools und Techniken (4.2) angewiesen.

4.1 Beispiele aus verschiedenen Lehrfächern

In diesem Abschnitt wird eine **Vielzahl an möglichen Mini-Aufgaben** vorgestellt, deren Auswahl einerseits die Breite der unterrichtlichen Gegenstände und andererseits auch die Breite der Aufgabenformate abzudecken versucht. Die mehr als 90 Beispiele sind in den meisten Fällen sowohl in der analogen als auch in der digitalen Spielart einsetzbar. Beispiele sind oftmals ein Quell der Inspiration, und so geht es auch in diesem Fall nicht um enzyklopädische Vollständigkeit, sondern um eine Anregung für die Entwicklung und Aufbereitung von geeigneten Mini-Aufgaben. Deshalb kann die Empfehlung auch nur lauten: Holen Sie sich Ideen, und lassen Sie sich auch von den Mini-Aufgaben aus anderen Lehrfächern inspirieren!

Beim Betrachten der Beispiele gibt es zwei Aspekte, die sofort offensichtlich sind: das jeweilige Fach und das gewählte Aufgabenformat. Darüber hinaus sind aber noch zwei dahinter liegende didaktische Aspekte von Bedeutung: die jeweils beabsichtigte Lernhandlung und der erwartete Verstehensprozess. Wenn also beispielsweise eine Auswahlaufgabe gestellt wird, dann kann diese dazu anhalten, faktisches Wissen gezielt einzusetzen, ein Konzept auf eine konkrete Situation zu übertragen oder bestimmte Sachverhalte kriterienorientiert zu vergleichen; in den meisten Fällen ist auch eine Verstehensleistung gefragt.

In Abb. 53 sind die in diesem Kapitel zusammengetragenen Mini-Aufgaben überblicksartig klassifiziert; in den einzelnen Abschnitten werden die Mini-Aufgaben auch in der Reihenfolge der aufgeführten Aufgabenformate vorgestellt.

	Richtig/falsch Auswahl (SC, MC)	Reihenfolge	Zuordnung	Skalierung	Vervoll-ständigung	Korrektur	Kurzantwort	Zeichnung
Sprache und Literatur	4	2	1	1	2	1	2	1
Mathematik	6	1	1	1	1	1	3	1
Naturwissen-schaft und Technik	5	1	1	1	1	1	3	1
Geografie, Geschichte und Wirtschaft	2	2	4	2	1	1	2	1
Psychologie und Philosophie	6	3	1	2	1	1	5	1
Kunst, Musik und Kreativität	5	1	1	1	1	1	2	1
Sport und Ernährung	1	2	1	1	1	1	1	0
	29	**12**	**10**	**9**	**8**	**7**	**18**	**6**

Abb. 53: Klassifikation der vorgestellten Mini-Aufgaben

4.1.1 Sprache und Literatur

Ein Drama hat meist einen typischen Aufbau. Welche Spannungskurve entspricht diesem Aufbau?

(A)

(B)

Abb. 54: Beispiel Deutsch: Drama (Auswahlaufgabe)

Wie kann man die Formulierung von Herrn Keuner verstehen, es sei eine „Unart, erlittenes Unrecht stillschweigend in sich hineinzufressen"? Überlege, welche der folgenden Erläuterungen sinngemäß am besten passt:

(A) Man soll sich wehren.

(B) Man soll sich Hilfe suchen.

(C) Man soll sich über erlittenes Unrecht beschweren.

Wenn deine Leseerfahrung von den vorgeschlagenen Reaktionsweisen abweicht, solltest du eine Formulierung suchen, die besser zum Text passt.

(D) ______________________________

Abb. 55: Beispiel Deutsch: Textdeutung[84] (Auswahlaufgabe)

Adrian sagt: „Mein Zug fährt heute um Viertel vor zehn ab Hamburg." („Heute" wird betont.) Was könnte er am ehesten sonst noch sagen?

(A) Ich fahre nicht erst morgen. („Morgen" wird betont.)

(B) Ich fahre lieber Zug als Auto. („Zug" wird betont.)

(C) Letztes Mal bin ich von Berlin aus gefahren. („Berlin" wird betont.)

(D) Dein Zug fährt später. („Dein" wird betont.)

Abb. 56: Beispiel Deutsch: Betonung und Bedeutung[85] (Auswahlaufgabe)

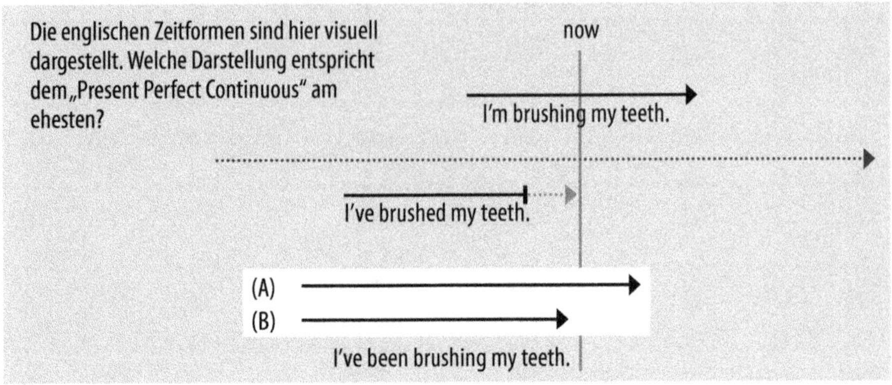

Abb. 57: Beispiel Englisch: Present Perfect Continuous (Auswahlaufgabe)

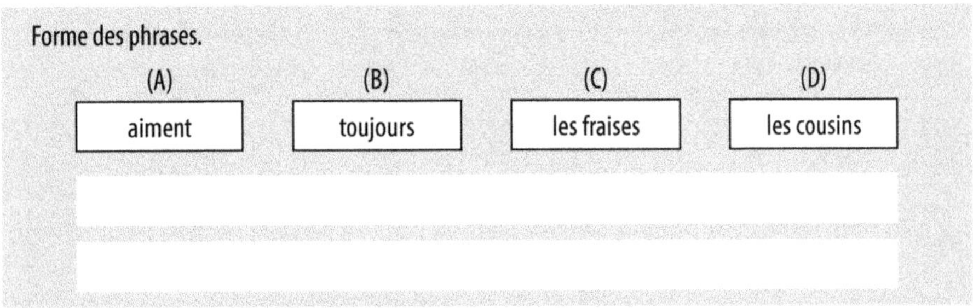

Abb. 58: Beispiel Französisch: Satzbildung (Reihenfolgeaufgabe)

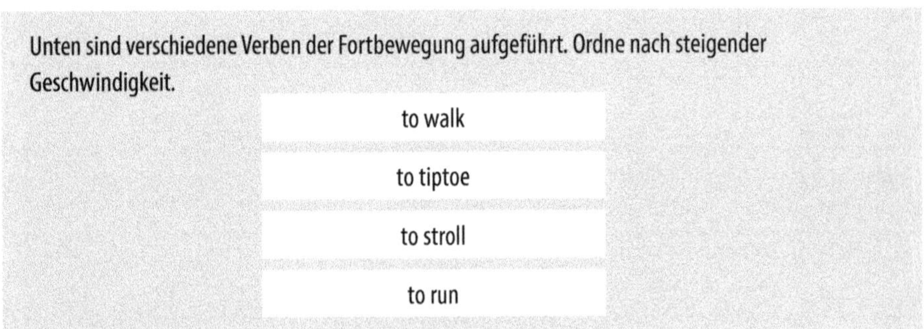

Abb. 59: Beispiel Englisch: Fortbewegung nach Geschwindigkeit (Reihenfolgeaufgabe)

Es gibt verschiedene Arten von Adverbialsätzen. Ordne die nachfolgenden Sätze (1–5) der entsprechenden Adverbialsatzart (A–E) zu.

(1)	Er betete so intensiv, dass er zur Entspannung rauchen musste.	(A)	konsekutiv
(2)	Obwohl er betete, rauchte er.	(B)	konzessiv
(3)	Er betete, weil er rauchte.	(C)	kausal
(4)	Er betete, damit er rauchen konnte.	(D)	final
(5)	Er betete, während er rauchte.	(E)	temporal

Abb. 60: Beispiel Deutsch: Nebensätze (Zuordnungsaufgabe)

Wie schätzt du die Motive der Protagonisten ein?

(1) Faust

(2) Mephisto

(3) Grete

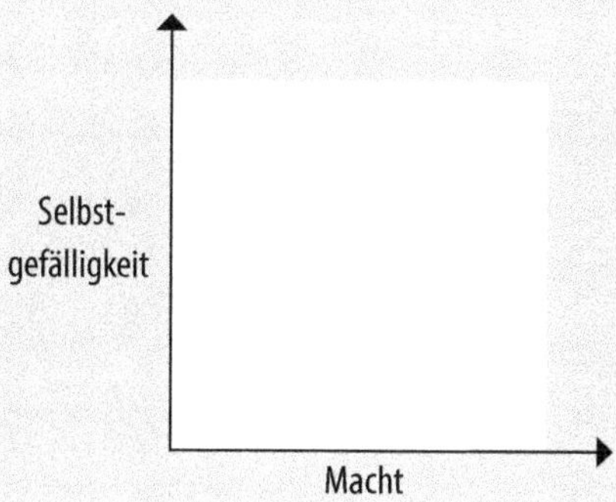

Abb. 61: Beispiel Deutsch: Handlungsmotive (Skalierungsaufgabe)

Bei Skalierungsaufgaben wie der obigen gibt es verschiedene Möglichkeiten der Durchführung. In der analogen Variante können beispielsweise Moderationspunkte geklebt werden, in der digitalen Variante (z. B. Mentimeter) kann die Skalierung jeweils auf zwei Skalen (hier: Selbstgefälligkeit, Macht) vorgenommen werden; ein konkretes Beispiel für die digitale Variante einschließlich der Auswertung findet sich in Kap. 4.2 (→ Abb. 157).

Nachfolgend sind die passenden Präpositionen des Ortes bzw. der Richtung gesucht. Trage die korrekten Präpositionen ein.

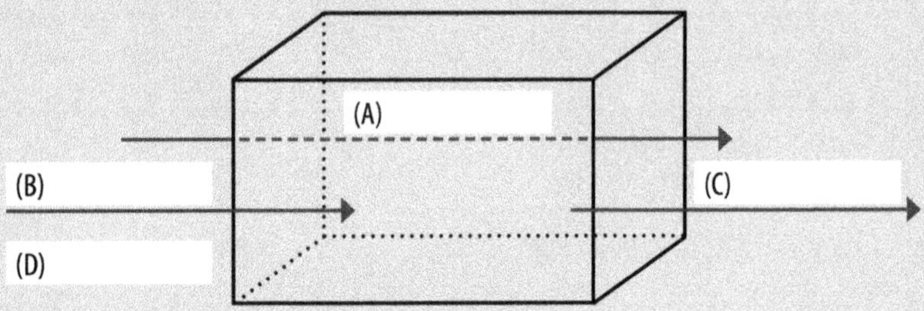

Abb. 62: Beispiel Englisch: Präpositionen (Vervollständigungsaufgabe)

Finde die passende Entsprechung.

pied – chaussure	≙	main –
livres – bibliothèque	≙	tableaux –
bruit – entendre	≙	odeur –
robe – vêtement	≙	table –

Abb. 63: Beispiel Französisch: Wortbedeutung (Vervollständigungsaufgabe)

In dem folgenden Satz ist das „du" falsch. Wie könnte man den Satz so verändern, dass das „du" richtig wäre?

Tu prends encore un peu du vin?

Abb. 64: Beispiel Französisch: Teilungsartikel (Korrekturaufgabe)

Die Aufgabenstellungen in Abb. 65 und 66 lassen sich auf verschiedene Weise erfassen: digital über das Format der Kurzantwort, analog beispielsweise, indem eine Person ein Wort nennt und die anderen dann ergänzen, oder indem nach einer ersten Ideensammlung in Einzelarbeit die Ideen in Partnerarbeit zusammengetragen werden.

„Super" ist ein oftmals gebrauchtes Wort der Umgangssprache. Finde mindestens fünf andere Wörter, die du anstelle von „super" verwenden kannst:

Abb. 65: Beispiel Deutsch: Synonyme (Kurzantwort)

If you could create the perfect pet, which two animals would you combine and why?

Abb. 66: Beispiel Englisch: Entscheidungsfragen[86] (Kurzantwort)

Beim Sprechen verändert sich oftmals die Sprachmelodie; die Stimme hebt sich oder sie senkt sich. Skizziere die Stimmführung für den folgenden Satz.

„Petra hat ihre Prüfung bestanden und freut sich auf ein schönes Wochenende."

Stimme hoch

Stimme tief

Abb. 67: Beispiel Deutsch: Bogensatz (Zeichnung)

4.1.2 Mathematik

Bezeichne jene Dreiecke, für die $a^2 + b^2 = c^2$ gilt.

Abb. 68: Beispiel Mathematik: Satz des Pythagoras (Auswahlaufgabe)

In einem Schulbuch wird definiert: „Eine Gerade heißt Mittelsenkrechte … der Strecke AB, wenn sie durch den Mittelpunkt der Strecke geht und zu ihr senkrecht ist."
Bei welchen der folgenden Linien handelt es sich um eine Mittelsenkrechte?

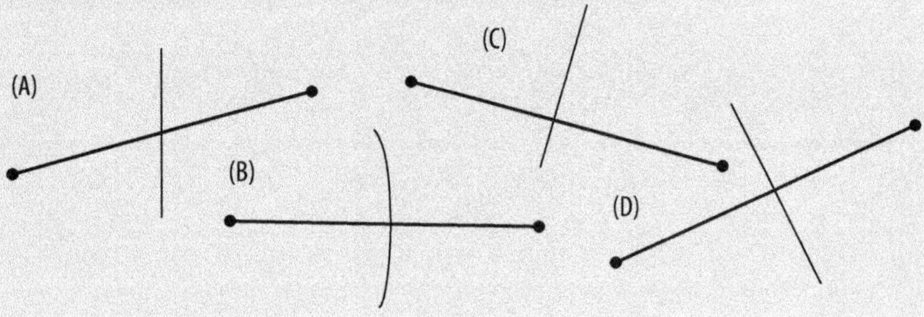

Abb. 69: Beispiel Mathematik: Mittelsenkrechte[87] (Auswahlaufgabe)

Unerwartete Sachverhalte können bei der betreffenden Zielgruppe kognitive Konflikte auslösen. Die Orientierung an den Lernenden ist höchst bedeutsam, denn nur dann, wenn die Zielgruppe den (scheinbaren) Widerspruch oder das (vermutlich) nicht Erwartete auch als solches wahrnimmt, werden relevante kognitive Aktivitäten in Gang gesetzt. Beispiel: Einige Gruppen von Studierenden sollen eine Münze hundert Mal hochwerfen und die Ergebnisse aufschreiben; andere Gruppen sollen sich das Ergebnis bloß ausdenken und ebenfalls notieren. Die Lehrende behauptet, die „echten" und die „konstruierten" Hunderter-Listen auseinanderhalten zu können. Wesentliches Unterscheidungsmerkmal: Bei hundert echten Würfen gibt es mit einer hohen Wahrscheinlichkeit sechs oder sieben gleiche Würfe hintereinander (Lösung B). Echter Zufall wirkt unregelmäßiger, als man es in alltagsweltlichen Vorstellungen denkt (→ Abb. 70).

Sie bekommen Listen mit 100 „zufälligen“ Münzwürfen (K = Kopf; Z = Zahl) vorgelegt. Einige Listen sind das Ergebnis von „echten“ Münzwürfen, andere sind „konstruiert“.

Wie unterscheiden Sie die echten Münzwürfe von den „konstruierten“? Konkret gefragt: Ist A oder B vermutlich das Resultat eines „echten“ Münzwurfs?

(A)			
KKK	ZZ	K	Z
ZZZ	K	ZZ	KK
K	ZZZ	K	Z
Z	K	Z	KKKK
KK	Z	KK	ZZ
ZZZ	K	ZZZ	K
K	Z	K	Z
ZZ	KK	ZZZ	K
K	ZZZ	K	ZZZZ
ZZZ	K	Z	KK
K	ZZ	KKK	
ZZ	K	Z	
KKKK	Z	K	
Z	KKK	Z	
KK	ZZZZZ	K	

(B)			
KKK	K	K	K
ZZZ	ZZZ	ZZ	Z
K	K	K	KK
Z	Z	Z	Z
KK	K	KK	KKKK
ZZZ	Z	ZZZ	ZZ
K	KK	K	K
ZZ	ZZZ	ZZZ	ZZZZZZ
K	K	K	KK
ZZZ	ZZ	Z	
K	K	KKK	
ZZ	Z	Z	
KKKKKKK	KKK	K	
ZZ	ZZZZZ	Z	

Abb. 70: Beispiel Mathematik: Zufall[88] (Auswahlaufgabe)

Gegeben ist der folgende Sachverhalt:

- Die Wahrscheinlichkeit, dass ein/e Patient/in die Krankheit X hat, beträgt ein Prozent.
- Wenn ein/e Patient/in die Krankheit X hat, beträgt die Wahrscheinlichkeit eines positiven Testergebnisses 90 Prozent.
- Wenn ein/e Patient/in gesund ist, beträgt die Wahrscheinlichkeit, dass das Testergebnis trotzdem positiv ausfällt, neun Prozent.

Wie groß ist die Wahrscheinlichkeit, dass ein/e Patient/in bei einem positiven Test die Krankheit X hat?

- ☐ 10 Prozent
- ☐ 50 Prozent
- ☐ 90 Prozent
- ☐ 99 Prozent

Abb. 71: Beispiel Mathematik: Wahrscheinlichkeit[89] (Auswahlaufgabe)

Welche der nachfolgenden Angaben haben das gleiche Ergebnis?

- ☐ 20 Prozent von 400
- ☐ 30 Prozent von 200
- ☐ 15 Prozent von 400
- ☐ 20 Prozent von 300

Abb. 72: Beispiel Mathematik: Prozentrechnung[90] (Auswahlaufgabe)

Der folgende Graph zeigt, wie die Geschwindigkeit eines Rennwagens während seiner zweiten Runde auf einer drei Kilometer langen, ebenen Rennstrecke variiert.

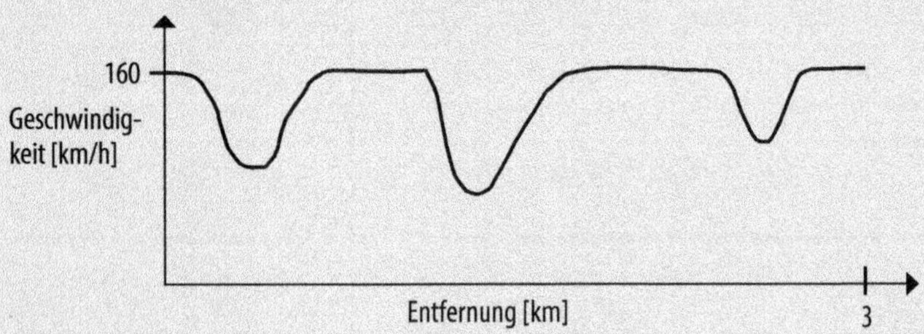

Hier siehst du Abbildungen von fünf Rennstrecken. Auf welcher dieser Rennstrecken fuhr der Wagen, sodass der oben gezeigte Geschwindigkeitsgraph entstand?

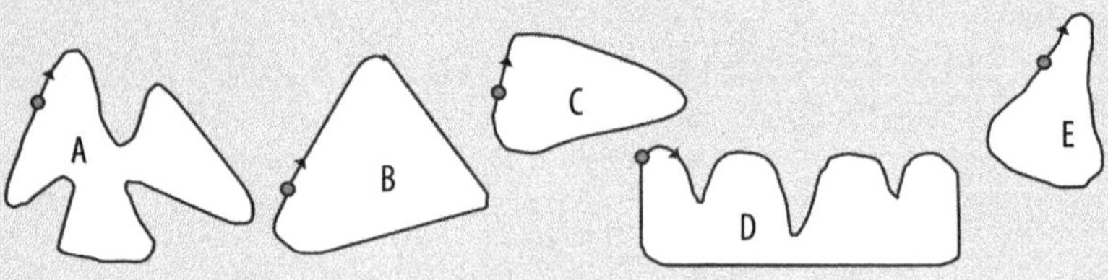

Abb. 73: Beispiel Mathematik: Geschwindigkeitsgraphen[91] (Auswahlaufgabe)

Um lokale Extrema einer Funktion festzustellen und zu berechnen, sind folgende Schritte erforderlich. Bringe die Schritte in eine sinnvolle Reihenfolge.

Untersuche die Krümmung der Funktion an den Nullstellen. Ist z. B. $f''(x_0) < 0$, dann ist x_0 ein lokales Maximum.

Finde alle Nullstellen der Ableitungsfunktion; löse dazu $f'(x_0) = 0$.

Berechne die zweite Ableitungsfunktion $f''(x)$.

Berechne die Ableitungsfunktion $f'(x)$.

Abb. 74: Beispiel Mathematik: Bestimmung lokaler Extrema (Reihenfolgeaufgabe)

Welche Bausteine passen zusammen?

	… sind immer gleich groß.	… ergeben zusammen immer 180°.	… ergeben zusammen immer 90°.
Zwei Nebenwinkel …			
Zwei Stufenwinkel …			
Zwei Wechselwinkel …			

Abb. 75: Beispiel Mathematik: Winkel im Parallelogramm[92] (Zuordnungsaufgabe)

Wie schätzt du beim Lotto die Höhe eines bestimmten Einzelgewinns sowie die jeweilige Wahrscheinlichkeit von dessen Eintreffen ein?

a) 3 Richtige

b) 4 Richtige

c) 5 Richtige

d) 6 Richtige

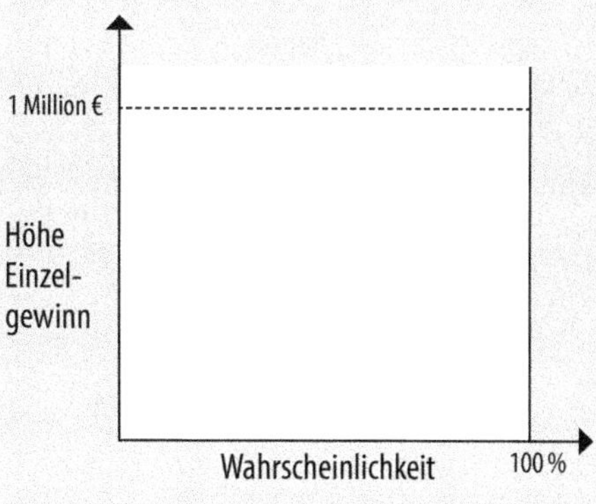

Abb. 76: Beispiel Mathematik: Gewinnchancen im Lotto (Skalierungsaufgabe)

Vervollständige die Geradengleichung für die dargestellte Gerade.

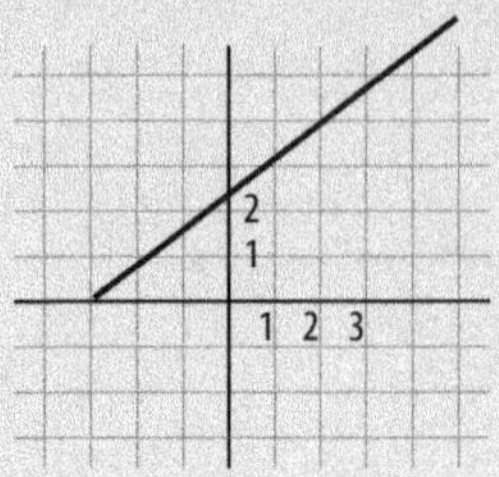

y= ___ x+3

Abb. 77: Beispiel Mathematik: Geradengleichung (Vervollständigungsaufgabe)

In Petras Mathebuch steht die folgende Aufgabe:
„4 Pumpen leeren einen Teich in 12 Stunden. Wie lange brauchen 6 Pumpen?"

Petras Lösungsansatz:

12 Std. = 4 Pumpen
3 Std. = 1 Pumpe
18 Std. = 6 Pumpen

Im Lösungsheft steht aber eine andere Lösung. Was hat Petra falsch gemacht?

Abb. 78: Beispiel Mathematik: Dreisatz (Korrekturaufgabe)

Bei der Figur sind einige Seitenlängen durch die Variablen w, x, y und z angegeben.

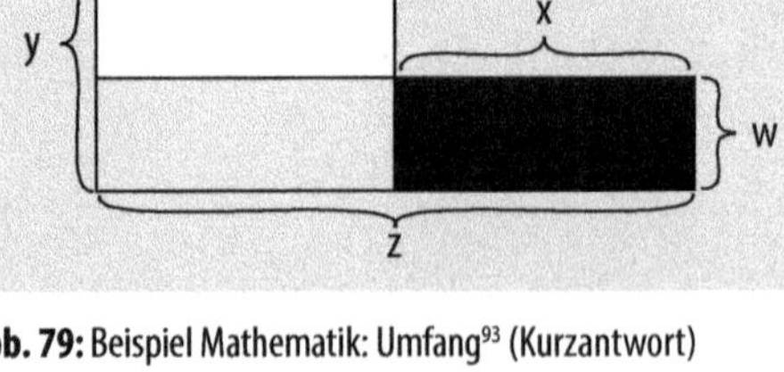

Welchen Umfang kann man mit dem folgenden Term berechnen?
$2w + 2(z - x)$

Abb. 79: Beispiel Mathematik: Umfang[93] (Kurzantwort)

Die Lösungen für die Gleichung $x^2 + 2x = 8$ sind 2 und -4. Finde eine weitere quadratische Gleichung mit dieser Lösung. Welche Überlegung hast du angestellt?

Lösung	Überlegung

Abb. 80: Beispiel Mathematik: Quadratische Gleichungen[94] (Kurzantwort)

Finde eine quadratische Gleichung, die

(A) nur eine Lösung hat.

(B) nur 1 als Lösung hat.

Abb. 81: Beispiel Mathematik: Quadratische Gleichungen[95] (Kurzantwort)

Zeichne (skizziere) zwei unterschiedliche Parallelogramme, die jeweils einen Flächeninhalt von 24 cm² haben.

Abb. 82: Beispiel Mathematik: Parallelogramme[96] (Zeichnung)

4.1.3 Naturwissenschaft und Technik

Die Temperatur einer Metallplatte mit Loch wird erhöht. Welche der folgenden Aussagen ist richtig?

(A) Das Loch vergrößert sich.

(B) Das Loch verkleinert sich.

(C) Das Loch bleibt gleich groß.

Abb. 83: Beispiel: Physik: Wärme und Ausdehnung (Auswahlaufgabe)

Der Resonanzkreis hat eine Bandbreite von 5 kHz. Sie möchten jedoch nur jenes Signal herausfiltern, dessen Frequenz genau der Resonanzfrequenz entspricht. Dazu müssen Sie die Bandbreite verkleinern, d.h. die Selektivität bzw. die Kreisgüte erhöhen. Welches Element des Schwingkreises verändern Sie, und wie verändern Sie es?

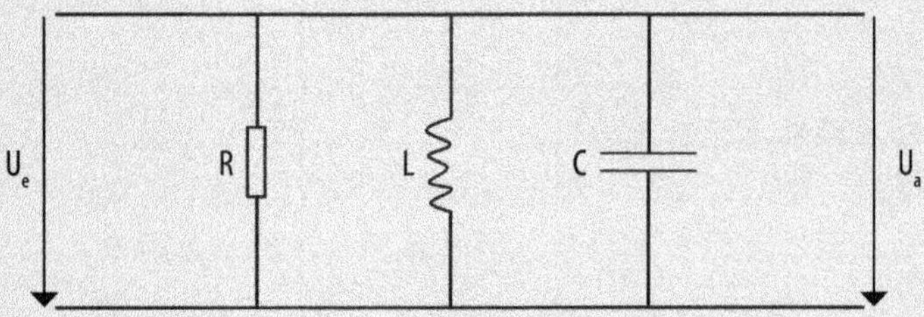

☐ R kleiner	☐ R größer
☐ L kleiner	☐ L größer
☐ C kleiner	☐ C größer

Abb. 84: Beispiel Physik: Schwingkreis[97] (Auswahlaufgabe)

Eugenol wird erhitzt, sodass es verdunstet. Welche Reaktion wird dadurch ausgelöst?

(A) Die Abstände der Eugenolmoleküle zueinander werden größer.

(B) Die Abstände der Atome innerhalb der Eugenolmoleküle werden größer.

(C) Die Eugenolmoleküle spalten sich.

(D) Die Eugenolmoleküle reagieren mit Luftsauerstoff.

Abb. 85: Beispiel Chemie: Reaktionsmechanismen[98] (Auswahlaufgabe)

Josef vermutet, dass Pflanzensamen in warmer Umgebung besser keimen. Er plant daher, zwei Versuche miteinander zu vergleichen, um herauszufinden, ob eine warme Umgebung zum Keimen benötigt wird. Dies ist sein erster Versuch:

Topf mit Pflanzensamen
Erde
Wasser
22°C

Wähle aus den drei folgenden Versuchen einen geeigneten Versuch zum Vergleich mit dem ersten Versuch aus.

(A)	(B)	(C)
Topf mit Pflanzensamen	Topf mit Pflanzensamen	Topf mit Pflanzensamen
Erde	Erde	keine Erde
kein Wasser	Wasser	kein Wasser
15°C	10°C	10°C

Abb. 86: Beispiel Biologie: Keimen[99] (Auswahlaufgabe)

Pflanzen gedeihen auf verschiedenen Böden unterschiedlich gut. Welche Pflanzen sollte man auf schweren Böden pflanzen?

(A) Pflanzen, die viel Wasser brauchen

(B) Pflanzen, die viel Wasser speichern

(C) Pflanzen, die wenig Wasser speichern

(D) Pflanzen, die wenig Wasser brauchen

Abb. 87: Beispiel Biologie: schwere Böden (Auswahlaufgabe)

Bei der Datenhaltung sind verschiedene Aufgaben zu erledigen. Ordnen Sie die Karten so, dass sie einen stimmigen Ablauf ergeben.

Daten strukturieren

Datenbanken erstellen

Daten einfügen

Daten sammeln

Daten visualisieren

Abfragen definieren

Abb. 88: Beispiel Technik: Datenhaltung (Reihenfolgeaufgabe)

Chemische Reaktionen lassen sich nach dem jeweiligen Reaktionstypus kategorisieren. Ordne die nachfolgenden Reaktionen (1–3) dem jeweiligen Typus (A–E) zu.

(1) Umwandlung von Kupfer(I)-oxid in Kupfer(II)-oxid

(2) Umwandlung eines flüssigen Kohlenwasserstoffs durch Hitze in ein Gemisch von Verbindungen, die bei Raumtemperatur gasförmig sind

(3) Gewinnung von Wärmeenergie aus Kohle oder Öl

(A) Hydrolyse
(B) Reduktion
(C) radioaktiver Zerfall
(D) Cracken
(E) Oxidation

Abb. 89: Beispiel Chemie: Reaktionsformen[100] (Zuordnungsaufgabe)

Schätze die Dichte und Wärmeleitfähigkeit der nachfolgenden Stoffe ein.

(1) Eisen

(2) Grafit

(3) Kupfer

(4) Schwefel

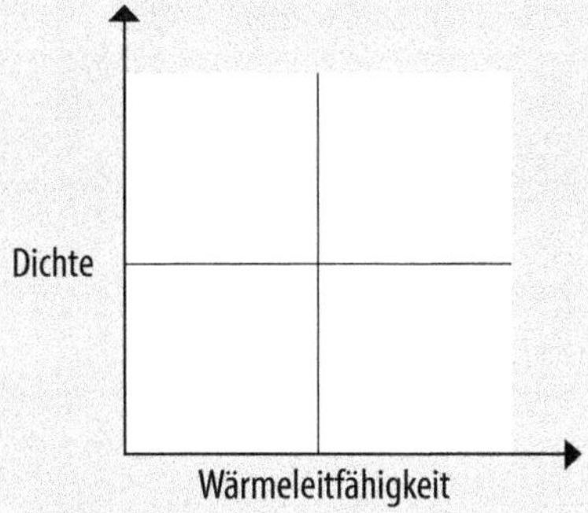

Abb. 90: Beispiel Chemie: Eigenschaften von Elementen (Skalierungsaufgabe)

Ein elektrischer Stromkreis wird oftmals mit einem Wasserkreislauf verglichen. Wie würden die Teile heißen, wenn es sich bei der nachfolgenden Abbildung um einen Strom- statt um einen Wasserkreislauf handeln würde?

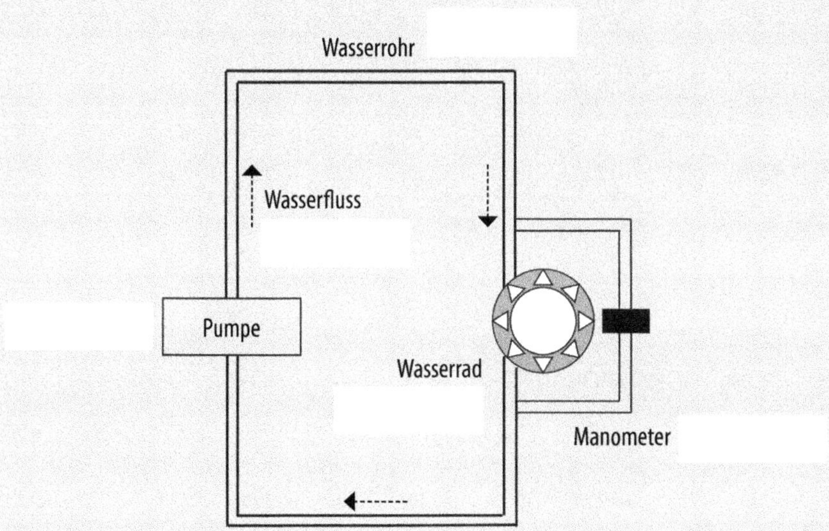

Abb. 91: Beispiel Physik: Stromkreis (Vervollständigungsaufgabe)

Peter hat folgenden Satz in der letzten Klassenarbeit geschrieben: „Auf dem Mond erfahre ich weniger Gewichtskraft als auf der Erde, deshalb habe ich dort weniger Kilogramm." Der Lehrer hat Teile des Satzes rot angestrichen. Erkläre, was an Peters Satz falsch ist, und verbessere ihn.

Abb. 92: Beispiel Physik: Kraft[101] (Korrekturaufgabe)

Der Schulleiter soll in der Aula eine Rede halten. Normalerweise würde es in der Aula so sehr hallen, dass die Schülerinnen und Schüler die Rede kaum verstehen. Überlege dir verschiedene Möglichkeiten, wie man das verhindern kann. Beschreibe mind. zwei Lösungen:

Abb. 93: Beispiel Physik: Schall[102] (Kurzantwort)

Warum schwimmt ein Schiff?

Abb. 94: Beispiel Physik: Auftrieb (Kurzantwort)

Welche alltäglichen Tätigkeiten werden in 50 Jahren wahrscheinlich von Robotern erledigt? Nenne zwei.

Abb. 95: Beispiel Technik: Roboter (Kurzantwort)

Bei den Aufgaben 92 bis 95 bietet es sich an, die angestellten Überlegungen in Zweierarbeit zu reflektieren. Dazu kann man die Antworten gegebenenfalls einblenden und die Lernenden auffordern, die jeweils andere Person von der eigenen Argumentation zu überzeugen.

Unten siehst du den Schattenwurf eines Hauses. Zeichne die Sonne an der richtigen Stelle ein.

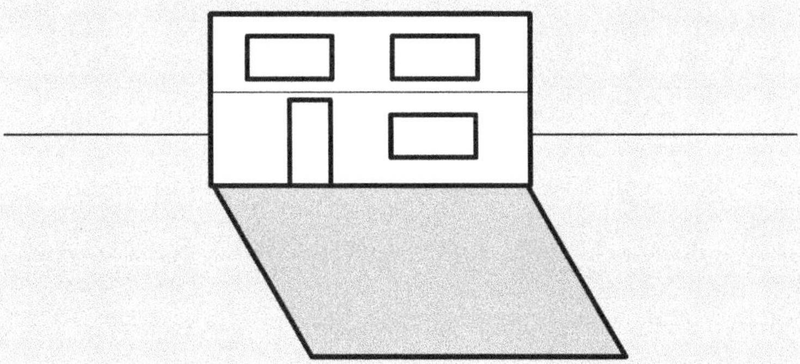

Abb. 96: Beispiel Physik: Schatten[103] (Zeichnung)

4.1.4 Geografie, Geschichte und Wirtschaft

In den letzten 20 Jahren hat sich der Anteil der in extremer Armut lebenden Bevölkerung ...

- ☐ nahezu verdoppelt.
- ☐ nicht oder nur unwesentlich verändert.
- ☐ deutlich mehr als halbiert.

Abb. 97: Beispiel Geografie: Bevölkerungsentwicklung[104] (Auswahlaufgabe)

Die Grafiken geben volkswirtschaftliche Daten eines Landes wieder. Prüfen Sie, ob die nachfolgenden Aussagen zur wirtschaftlichen Situation dieses Landes wahr oder falsch sind:

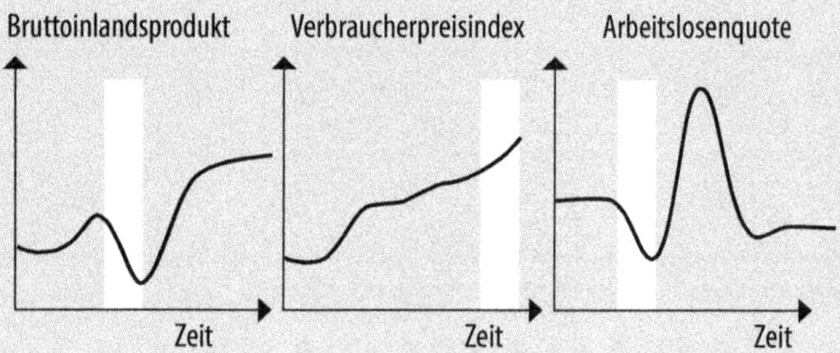

☐ richtig	☐ falsch	Im markierten Zeitraum befand sich das Land in einer Rezession.
☐ richtig	☐ falsch	Die Inflationsrate war im markierten Zeitraum am höchsten.
☐ richtig	☐ falsch	Der Beschäftigungsgrad ging im markierten Zeitraum zurück.

Abb. 98: Beispiel Wirtschaft: volkswirtschaftliche Daten interpretieren[105] (Richtig/falsch-Aufgabe)

Ordne die Ereignisse nach ihrer zeitlichen Abfolge.

Revolution in Deutschland: erstes Parlament (Nationalversammlung in der Frankfurter Paulskirche)
Hoffmann von Fallersleben komponiert „Lied der Deutschen“ (spätere Nationalhymne)
Wiener Kongress: Neuordnung Europas (Restauration), Gründung des Deutschen Bundes
Kundgebung von 20.000 Menschen auf dem Hambacher Schloss: Forderung nach Demokratie und nationaler Selbstbestimmung
Aufstand der schlesischen Weber
Deutscher Zollverein: Schaffung eines wirtschaftlichen Binnenmarkts
Wartburgfest: studentische Versammlung, Streben nach Reichseinheit, Fahne Schwarz-Rot-Gold
Der radikale Student Sand ermordet den Dichter Kotzebue, der als Inbegriff der Restauration gilt; Gesetzesverschärfung und Zensur: „Karlsbader Beschlüsse“

Abb. 99: Beispiel Geschichte: vom Wiener Kongress zur Revolution (Reihenfolgeaufgabe)

Bringe die nachfolgenden Schritte der Arbeit am Beleg in die richtige zeitliche Reihenfolge.

Nummerierung des Belegs
Ablage des Belegs
Anbringung eines Aufzeichnungsvermerks auf dem Beleg
Weiterleitung des Belegs an andere Abteilungen
Prüfung des Belegs
Zuordnung des Belegs zur entsprechenden Beleggruppe
Erfassung (Aufzeichnung) des Belegs
Anfall des Belegs und Weiterleitung an den entsprechenden Sachbearbeiter

Abb. 100: Beispiel Wirtschaft: Arbeiten am Beleg[106] (Reihenfolgeaufgabe)

Ordnen Sie die folgenden Beispiele einem der genannten Migrationsgründe zu.

(1) Südtiroler und Südtirolerinnen	(A) Freiwillige Migration
(2) In der Antike vertriebene Juden und Jüdinnen	(B) Erzwungene Migration
(3) Arbeitsmigrantinnen und -migranten	(C) Diaspora
(4) Afroamerikaner und Afroamerikanerinnen	(D) Invasion
(5) Native Americans	(E) Staatenbildung

Abb. 101: Beispiel Geografie: Gründe für Migration[107] (Zuordnungsaufgabe)

Unterscheiden Sie, ob es sich im Folgenden um (im Rahmen der Sparprogramme der EU) ausgabenseitige oder einnahmenseitige Maßnahmen handelt.

	ausgabenseitige Maßnahmen	einnahmenseitige Maßnahmen
Reduktion des Beamtenapparates	☐	☐
Kürzung oder Einfrieren der Beamtengehälter	☐	☐
Kürzung oder Einfrieren bei Pensionen	☐	☐
höheres Pensionseintrittsalter	☐	☐
Erhöhung der Mehrwertsteuer	☐	☐
Reduktion der Sozialleistungen und Gesundheitsausgaben	☐	☐
Erhöhung der Körperschaftssteuer	☐	☐

Abb. 102: Beispiel Geografie: Krise der EU[108] (Zuordnungsaufgabe)

Geben Sie jeweils am, ob es sich für das Unternehmen um eine betriebliche Einnahme, um eine betriebliche Ausgabe oder um eine private Rechnung von Firmenchefin Liliane handelt.

	betriebliche Einnahme	betriebliche Ausgabe	private Rechnung
Kundenrechnung für eine maßgeschneiderte Hose	☐	☐	☐
Gehaltszahlung an Schneiderin Gerhild	☐	☐	☐
Überweisung von Kunden für eine Online-Bestellung	☐	☐	☐
Miete für das Geschäftslokal	☐	☐	☐
Strom für das Geschäftslokal	☐	☐	☐
Providergebühren für die Webseite des Unternehmens	☐	☐	☐

Abb. 103: Beispiel Wirtschaft: Einnahmen und Ausgaben[109] (Zuordnungsaufgabe)

Um welche Aufgaben (Funktionen) handelt es sich jeweils? Ordne zu.

(1) Das Rechnungswesen erfasst zahlenmäßig die betrieblichen Vorgänge.

(2) Das Rechnungswesen liefert Unterlagen zur Planung des Betriebsablaufes sowie für Unternehmensentscheidungen.

(3) Das Rechnungswesen informiert Eigentümer, Geschäftsführer, Kreditgeber, Beschäftigte usw. über das Betriebsgeschehen.

(4) Das Rechnungswesen ermöglicht eine Überprüfung, ob das Unternehmen wirtschaftlich und rentabel geführt wird.

(5) Mithilfe eines Berichtswesens werden aktuelle Informationen für die Unternehmensleitung bereitgestellt.

(A) Dokumentations- und Informationsfunktion

(B) Planungs- und Entscheidungsfunktion

(C) Kontrollfunktion

(D) Berichtsfunktion

Abb. 104: Beispiel Wirtschaft: Aufgaben des Rechnungswesens[110] (Zuordnungsaufgabe)

Mit Konflikten kann man unterschiedlich umgehen. Ordne die unten genannten Handlungen danach ein, wie stark beziehungs- bzw. zielorientiert sie sind.

(1) überreden

(2) trösten

(3) Kompromiss suchen

(4) sich zurückziehen

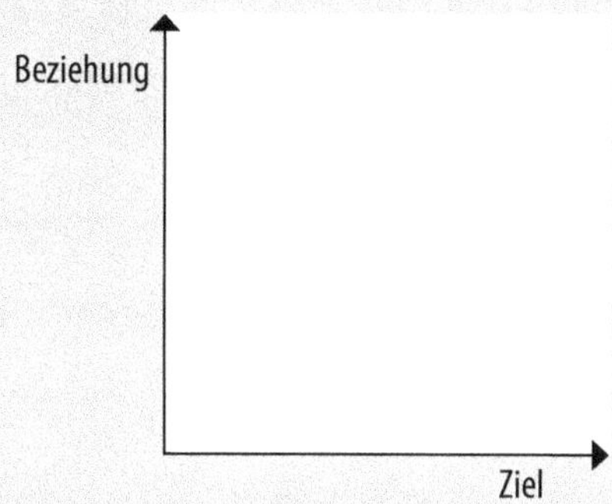

Abb. 105: Beispiel Wirtschaft: Konflikte (Skalierungsaufgabe)

Nachfolgend ist ein Aspekt der Sozialkompetenz aufgeführt. Schätze dich selbst ein.

Überzeugungsfähigkeit (Wirkung, Charisma)

1 2 3 4 5

gering ausgeprägt … stark ausgeprägt

Abb. 106: Beispiel Wirtschaft: Sozialkompetenz (Skalierungsaufgabe)

Gruppen lassen sich danach unterscheiden, wie langfristig ihre Mitglieder beisammen sind und welche Nähe dabei entwickelt wird.

Vervollständige die zwei Quadranten mit dem jeweils passenden Begriff.

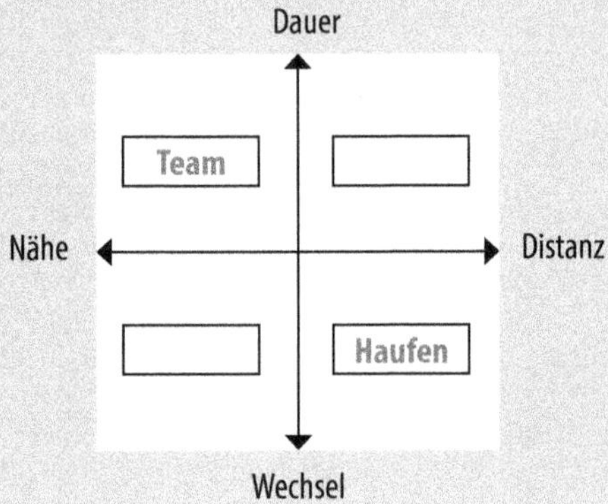

Abb. 107: Beispiel Wirtschaft: Gruppen (Vervollständigungsaufgabe)

Hier ist ein Beleg für eine Kleinbetragsrechnung abgebildet. Prüfe, ob die erforderlichen Bestandteile einer Rechnung vorhanden sind.

330.5753465

Samsung Festplatte Blue 320 MB

Total EUR	99,90
Bar EUR	100,00
Rueckgeld EUR	-0,10
Inkl. 20,00% MwSt (b)	16,65
Netto-Warenwert	83,25

Vielen Dank für Ihren Einkauf!

334534 54345 3453 17.05.2022 15:25

Gib deine allfällige(n) Korrektur(en) hier ein:

Abb. 108: Beispiel Wirtschaft: Belege (Korrekturaufgabe)

Wann ist ein Krieg beendet?

Abb. 109: Beispiel Geschichte: Krieg (Kurzantwort)

Nennen Sie zwei zentrale Gründe für den Bau der Berliner Mauer.

Abb. 110: Beispiel Geschichte: Berliner Mauer[111] (Kurzantwort)

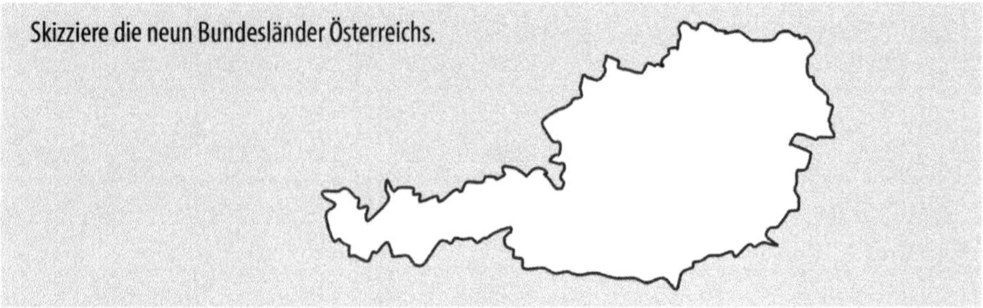

Abb. 111: Beispiel Geografie: Österreichs Bundesländer (Zeichnung)

Im klassischen Präsenzunterricht können die Lernenden die Aufgabe in Abb. 111 – abhängig von der Gruppengröße – auch zu zweit auf einem A4-Blatt bearbeiten und dann hochhalten. Diese Aufgabe lässt sich im Übrigen modifizieren, indem beispielsweise zwei Bundesländer bereits eingetragen sind.

4.1.5 Psychologie und Philosophie

Prüfe, ob die folgende Aussage korrekt ist:

Das Pareto-Prinzip besagt, dass 80 % der Ergebnisse mit 20 % des Aufwandes erreicht werden.

☐ richtig ☐ falsch

Abb. 112: Beispiel Psychologie: Pareto-Prinzip (Richtig/falsch-Aufgabe)

Sie sehen vier Karten. Auf der einen Seite der Karten ist immer ein Buchstabe und auf der anderen Seite eine Zahl abgebildet.

E	K	4	7

Prüfen Sie, ob für diese vier Karten die folgende Regel gilt.

„Wenn auf der einen Seite der Karte ein Vokal abgebildet ist, dann steht auf der anderen Seite eine gerade Zahl."

Sie dürfen genau zwei Karten umdrehen. Welche zwei Karten wählen Sie?

☐ Karte „E" ☐ Karte „K" ☐ Karte „4" ☐ Karte „7"

Abb. 113: Beispiel Psychologie: Gruppendenken (Auswahlaufgabe)

Die beiden Karten, die umgedreht werden müssen, sind das „E“ und die „7“. Diese Vorgehensweise wird gewöhnlich nur von etwa 10 Prozent aller Personen gewählt; 90 Prozent der Lernenden drehen mindestens eine falsche Karte um – in der Regel die „4“, weil die „gerade Zahl“ in der Angabe vorkommt.

Eine Aufgabe wie diese kann auch gut für eine gesamte Gruppe gestellt werden, d. h. die Gruppe muss sich untereinander besprechen und dann der Lehrperson ihr Ergebnis nennen. Da in jeder größeren Gruppe so gut wie immer einige Personen dabei sind, welche die richtige Lösung wählen würden, ist dies eine Aufgabe, bei der die Gruppe zeigen kann, ob sie die Überlegungen von zahlenmäßigen Minderheiten bedenken und ggf. integrieren kann oder ob es zu einem wenig reflektierten „Gruppendenken“ kommt.

Welche Aussage charakterisiert den Effekt des gemeinsamen Wissens am ehesten?

(A) Man spricht oft über die Dinge, die man bereits gemeinsam weiß.
(B) Gemeinsam verfügbares Wissen führt zu einer Stärkung des Wir-Gefühls im Team.
(C) Es ist die Bereitschaft, die eigene Meinung hintanzustellen.

Abb. 114: Beispiel Psychologie: Effekt des gemeinsamen Wissens (Auswahlaufgabe)

Zwei Gruppen von Studierenden lesen einen Text am Monitor; dieser ist verständlich aufbereitet und gut strukturiert. Einziger Unterschied: Bei Gruppe A ist dieser Text mit Hyperlinks versehen, Gruppe B hat den Text ohne diese Hyperlinks.
Nach einer angemessenen Lesezeit werden beide Gruppen hinsichtlich des Inhaltes geprüft (Wissen und Verständnis). Welche Gruppe erinnert im Durchschnitt besser?

(A) Text mit Hyperlinks

(B) Text ohne Hyperlinks

Abb. 115: Beispiel Psychologie: Leseverständnis (Auswahlaufgabe)

Was ist eine typische Ursache für „Aufschieberitis"?

(A) „Wir arbeiten stark interessensorientiert."
(B) „Wir haben die relevanten Arbeitsbeziehungen nicht angemessen berücksichtigt."
(C) „Wir arbeiten besonders gern am Nachmittag und am frühen Abend."

Abb. 116: Beispiel Psychologie: „Aufschieberitis" (Auswahlaufgabe)

Welche Stadt in den USA hat mehr Einwohnerinnen und Einwohner? Bitte entscheiden Sie zügig.

(A) Detroit

(B) Milwaukee

Abb. 117: Beispiel Psychologie: Intuition (Auswahlaufgabe)

Die Aufgabe in Abb. 117, die Gerd Gigerenzer in seinem Buch „Bauchentscheidungen" beschreibt, führt aufgrund der geforderten schnellen Entscheidung zu einer intuitiven Entscheidung. Intuitiv entscheiden sich viele Befragte für „Detroit"; sie tun dies deshalb, weil Detroit – jedenfalls für deutschsprachige Studierende – die weitaus bekanntere Stadt ist. Daraus, dass die Stadt bekannter ist, wird geschlossen, dass sie mehr Einwohnerinnen und Einwohner hat. Diese intuitive Vorgehensweise, die der Heuristik „je bekannter, desto mehr Einwohner und Einwohnerinnen" folgt, ist in vielen Fällen hilfreich und führt erstaunlicherweise zu einem insgesamt besseren Ergebnis der deutschen Studierenden im Vergleich zu US-amerikanischen Kollegen und Kolleginnen.[112]

Bringen Sie die vier Quadranten der Eisenhower-Matrix in eine Rangfolge. Reihen Sie nach absteigender Priorität.

Priorität ☐ weniger dringend / sehr wichtig

Priorität ☐ sehr dringend / sehr wichtig

Priorität ☐ weniger dringend / weniger wichtig

Priorität ☐ sehr dringend / weniger wichtig

Abb. 118: Beispiel Psychologie: Eisenhower-Prinzip (Reihenfolgeaufgabe)

Wenn es darum geht, sich einzelne Begriffe zu merken, sind mehrere Lernhandlungen denkbar, die sich hinsichtlich der Tiefe der Verarbeitung unterscheiden. Ordne die folgenden Aufforderungen an die Lernenden nach der angeregten Intensität bzw. Tiefe der Verarbeitung.

Finden Sie zu jedem Begriff ein Reimwort.

Erzählen Sie eine Geschichte, in der alle Wörter der Liste vorkommen.

Assoziieren Sie ein Wort, das Ihnen einfällt, wenn Sie den Begriff lesen.

Zählen Sie die Buchstaben der Wörter.

Notieren Sie die Farben, in denen die Wörter geschrieben sind.

Erläutern Sie, ob mit dem Wort ein eher angenehmer oder unangenehmer Sachverhalt bezeichnet wird.

Abb. 119: Beispiel Psychologie: Verarbeitungstiefe (Reihenfolgeaufgabe)

Bringe die nachfolgend aufgeführten Werte, die für ein erfülltes und gutes Leben von großer Bedeutung sind, in eine Reihenfolge, beginnend mit dem wichtigsten Wert.

Freiheit
Gerechtigkeit
Freundschaft
Erfolg
Familie
Macht
Gesundheit

Abb. 120: Beispiel Philosophie: Werte (Reihenfolgeaufgabe)

Die Zwei-Faktoren-Theorie von Herzberg postuliert Zufriedenheit und Unzufriedenheit als zwei unabhängige Dimensionen, die durch bestimmte Faktoren hervorgerufen werden. Ordne die Faktoren diesen Dimensionen zu:

	Hygienefaktoren („dissatisfiers")	Motivatoren („satisfiers")
Arbeitssicherheit	☐	☐
Möglichkeit zur Persönlichkeitsentfaltung	☐	☐
Anerkennung für geleistete Arbeit	☐	☐
Entlohnung	☐	☐
Übernahme von Verantwortung	☐	☐
Personalpolitik/-verwaltung (Urlaubsplanung, Beurteilung usw.)	☐	☐

Abb. 121: Beispiel Psychologie: Zwei-Faktoren-Theorie nach Herzberg (Zuordnungsaufgabe)

Wie schätzt du den jeweiligen Führungsstil hinsichtlich der Dimensionen Lenkung und Wertschätzung ein?

(1) autoritativer Stil

(2) kooperativ-demokratischer Stil

(3) Laissez-faire-Stil

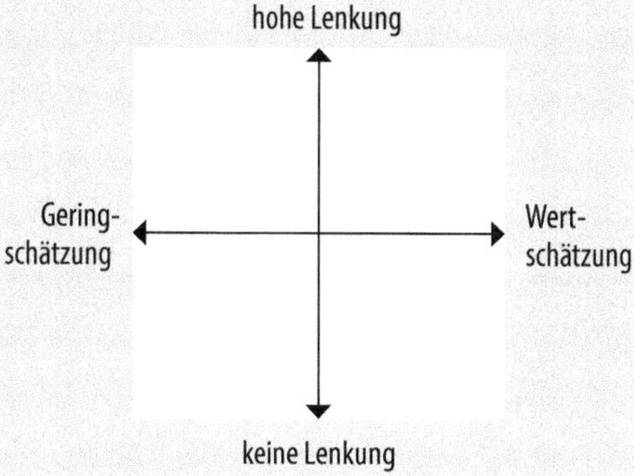

Abb. 122: Beispiel Psychologie: Führungsstile (Skalierungsaufgabe)

Handlungen von Mitschülern und Mitschülerinnen wirken unterschiedlich auf dich. Schätze jeweils ein.

B.s Mutter sagt zu ihr noch immer „Bärli". C postet das auf Instagram.

1 2 3 4 5

lustig nicht lustig

X hat ein Profil unter dem Namen von A angelegt.

1 2 3 4 5

lustig nicht lustig

Du filmst jemanden heimlich und postest das im Whatsapp-Gruppenchat.

1 2 3 4 5

lustig nicht lustig

Abb. 123: Beispiel Psychologie: Grenzen von Spaß (Skalierungsaufgabe)

Vervollständige das Wertequadrat.

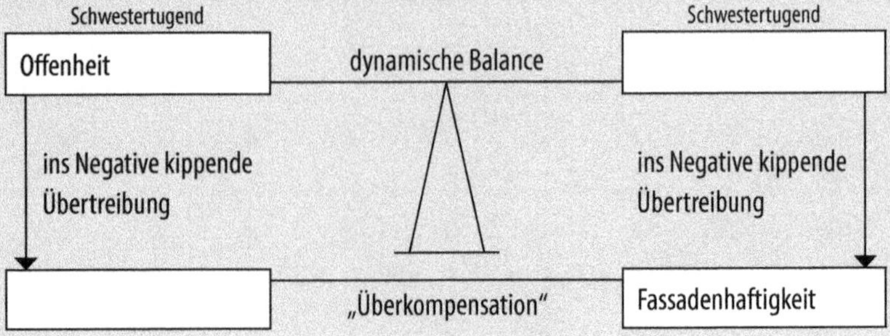

Abb. 124: Beispiel Psychologie: Wertequadrat nach Helwig (Vervollständigungsaufgabe)

Aussagenlogik beschäftigt sich damit, ob Aussagen formal richtig oder falsch sind. Korrigiere eine der Prämissen so, dass die Konklusion zutreffend ist.

Prämisse 1: Nur gute Schauspieler spielen große Rollen.
Prämisse 2: Geld spielt eine große Rolle.
Konklusion: Geld ist ein guter Schauspieler.

Abb. 125: Beispiel Philosophie: Logik (Korrekturaufgabe)

In Abb. 125 wird der Begriff „Rolle“ unterschiedlich verwendet. Eindeutig wird es erst, wenn aus „Geld“ beispielsweise „Herr Geld“ wird.

Welche Fähigkeiten sind dir „verloren gegangen“, weil du schon früh ein Handy hattest?

Abb. 126: Beispiel Psychologie: Wirkung von Handys (Kurzantwort)

Die Schülerinnen und Schüler verzögern die Antwort auf eine Frage der Lehrerin. Nach ca. zehn Sekunden beantwortet die Lehrerin ihre Frage selbst.

Was haben die Schüler und Schülerinnen gelernt?

Abb. 127: Beispiel Psychologie: Unterrichtssituationen (Kurzantwort)

Eine Schülerin, die aufzeigt, wird von der Lehrerin nicht aufgerufen. Welche Zuschreibungen (mögliche Absicht der Lehrerin) könnte die Schülerin vornehmen?

Abb. 128: Beispiel Psychologie: Attribution (Kurzantwort)

Vor Ihnen geht die landesweit bekannte hübsche Tochter eines Multimillionärs (es kann auch der Sohn sein). Sie verliert ihre Börse. Niemand sieht Sie. Was machen Sie, wenn Sie

Utilitarist

Kantianer

Christ

Hedonist

sind?

Abb. 129: Beispiel Philosophie: Ethik[113] (Kurzantwort)

Kann man nur das als schön empfinden, woran man kein sonstiges Interesse hat?

Ja, weil …

Nein, weil …

Abb. 130: Beispiel Philosophie: Schönheit[114] (Kurzantwort)

Zeichne bzw. skizziere ein Fahrrad. Kette, Pedale und Sattel sind einzuzeichnen.

Abb. 131: Beispiel Psychologie: ein Fahrrad zeichnen (Zeichnung)

4.1.6 Kunst, Musik und Kreativität

Hör dir den Rhythmus genau an und bestimme dann, welche Notation diesen abbildet:

(A) 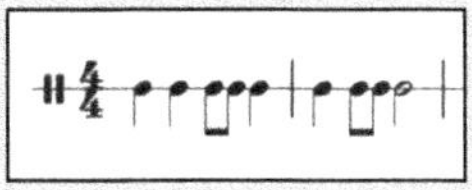 (B) 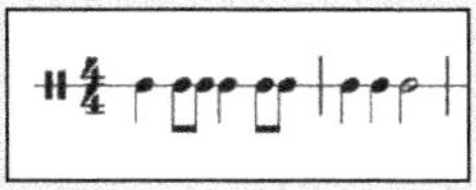 (C) 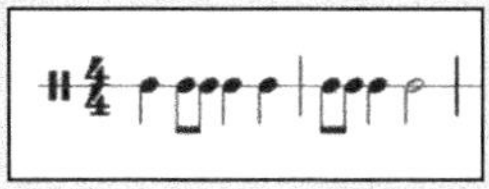

Abb. 132: Beispiel Musik: Klatschzettel (Auswahlaufgabe)

Du hörst jetzt ein kurzes Musikstück. Welche Instrumente hast du gehört? Kreuze an.

- ☐ Trompete
- ☐ Posaune
- ☐ Saxofon
- ☐ Geige
- ☐ Schlagwerk
- ☐ Triangel

Abb. 133: Beispiel Musik: Instrumente erkennen (Auswahlaufgabe)

Der Blues weist eine bestimmte Harmonienfolge auf. Welches Schema ist üblicherweise ein Blues?

(A)

F	F	F	F
C	C	F	F
G	C	F	C

(B)

C	C	C	C
F	F	C	C
G	F	C	G

Abb. 134: Beispiel Musik: Harmonienfolge (Auswahlaufgabe)

Mit welcher Analogie lassen sich die Phasen der Ideenfindung und Ideenauswahl besonders gut abbilden?

(A) Künstler/-in – Richter/-in

(B) Träumer/-in – Controller/-in

(C) Drehbuchschreiber/-in – Produzent/-in

Abb. 135: Beispiel Kreativität: Brainstorming 1 (Auswahlaufgabe)

Du moderierst das Brainstorming einer Gruppe. Nach einigen eher mäßigen Ideen taucht plötzlich eine scheinbar sehr gute Idee auf. Die Diskussion dreht sich nun nur noch um diese eine Idee; das Suchen neuer Ideen ist (vorläufig) eingestellt. Welches Vorgehen hältst du im Sinne von Brainstorming für angemessen?

(A) Du bekräftigst die Gruppe in ihrem Vorgehen.

(B) Du bedankst dich für das Einbringen der Idee und forderst die Gruppe auf, weitere Ideen zu suchen.

(C) Du diskutierst mit der Gruppe, wie realistisch die Idee ist.

Abb. 136: Beispiel Kreativität: Brainstorming 2 (Auswahlaufgabe)

Du siehst hier Teile des Liedes „Stille Nacht, heilige Nacht". Bringe die Liedteile in die richtige Reihenfolge.

(A)

(B)

(C)

(D)

(E)

(F)

Abb. 137: Beispiel Musik: Melodien (Reihenfolgeaufgabe)

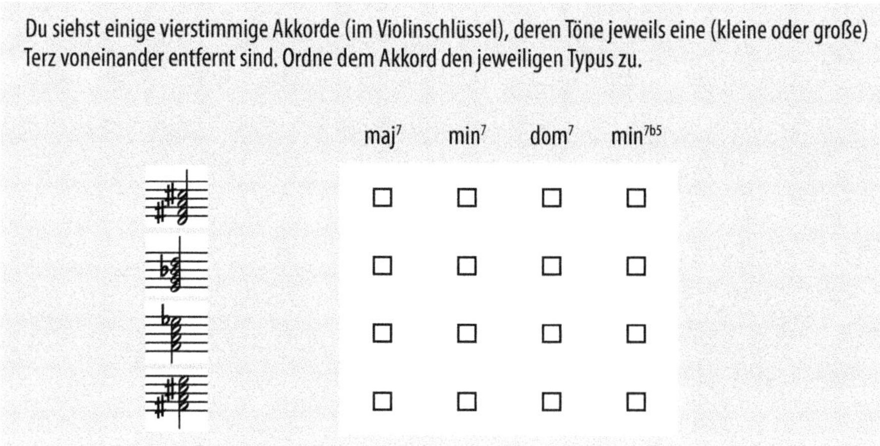

Abb. 138: Beispiel Musik: Jazzharmonik (Zuordnungsaufgabe)

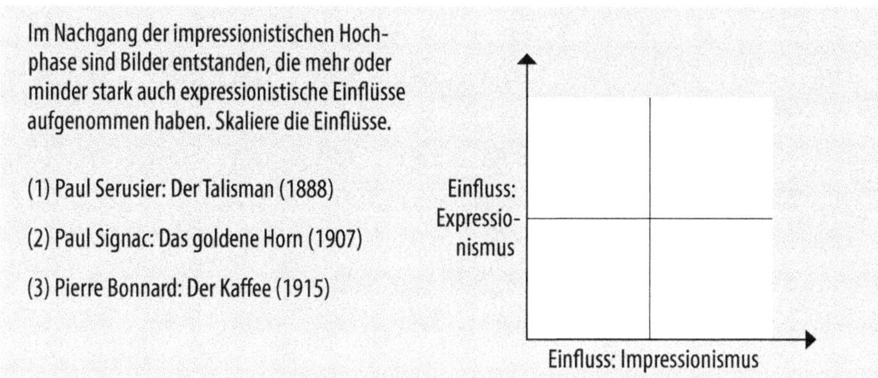

Abb. 139: Beispiel Kunst: Stile in der Malerei (Skalierungsaufgabe)

Du siehst einen Becher. Angenommen, das Licht kommt von der rechten Seite: Wie fällt dann der Schatten? Zeichne diesen entsprechend ein.

Abb. 140: Beispiel Kunst: Licht und Schatten (Vervollständigungsaufgabe)

Unten sind einige Kunstepochen in der Malerei des 20. Jahrhunderts in der Reihenfolge ihres Entstehens aufgeführt. Dabei hat sich ein Fehler eingeschlichen. Korrigiere den Fehler.

Kubismus

Dadaismus

Pop-Art

Surrealismus

abstrakter Expressionismus

Abb. 141: Beispiel Kunst: Kunstepochen in der Malerei (Korrekturaufgabe)

Erläutere kurz, warum beim systematischen Brainstorming die Maxime „Quantität vor Qualität!" sinnvoll sein kann.

Abb. 142: Beispiel Kreativität: Brainstorming 1 (Kurzantwort)

Was kann man mit einem Koffer in der Hand alles NICHT tun? Nenne zwei solcher Tätigkeiten.

Abb. 143: Beispiel Kreativität: Brainstorming 2 (Kurzantwort)

Zeichne bzw. skizziere ein Gesicht.

Abb. 144: Beispiel Kunst: Gesicht zeichnen (Zeichnung)

Aufgaben wie die obige lassen sich gut einsetzen, um die subjektiven Konzepte der Schülerinnen und Schüler besprechen zu können. Oftmals werden obere und untere Gesichtshälfte (geteilt durch die Augen) im Verhältnis 1:1 gezeichnet, was möglicherweise an der Bedeutungszuschreibung für die untere Gesichtshälfte (Augen, Nase, Mund usw.) liegt. Das Verhältnis 1:2 entspräche allerdings eher den tatsächlichen Gegebenheiten.

4.1.7 Sport und Ernährung

Mit welchem Körperteil wird beim Kugelstoßen die Bewegung eingeleitet?

- ☐ Knie
- ☐ Hüfte
- ☐ Schulter

Abb. 145: Beispiel Sport: Kugelstoßen (Auswahlaufgabe)

Was würdest du essen, damit dein Energiebedarf bei einem anstehenden Langlauf besonders gut gedeckt ist? Reihe nach absteigender Priorität.

- Gemüsesuppe
- Schnitzel mit Pommes
- Spaghetti
- Kaiserschmarrn

Abb. 146: Beispiel Sport: Energiebedarf (Reihenfolgeaufgabe)

Unten sind einige Faktoren eines guten Weitsprungs aufgeführt. Bringe diese Faktoren in eine praktische Reihenfolge. (Was würdest du im Training priorisieren?)

- Fußaufsatz im Ballenbereich
- verkürzter letzter Schritt
- optimaler Absprungwinkel

Abb. 147: Beispiel Sport: Weitsprung (Reihenfolgeaufgabe)

Wenn man sich sportartspezifisch aufwärmen möchte, sind bestimmte Übungen besonders gut geeignet. Welche Übungen eignen sich für welche Sportarten?

	Hoch-/Streck-sprünge	Reaktions-übungen	Arm- und Schulterkreisen	Kniehebelauf
Geräteturnen				
Volleyball				
Sprint				

Abb. 148: Beispiel Sport: Fitnessübungen (Zuordnungsaufgabe)

Übungen im Sport erfüllen unterschiedliche Zwecke. Ordne die genannten Übungen danach ein, wie stark sie zur Beweglichkeit bzw. zur Kräftigung beitragen.

(1) Schulterkreisen

(2) Kniebeugen

(3) Ausfallschritte

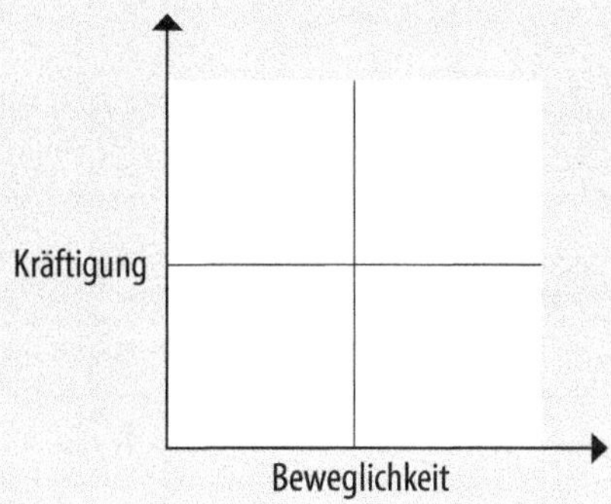

Abb. 149: Beispiel Sport: Übungen (Skalierungsaufgabe)

In der Abbildung siehst du die Ernährung im Fließgleichgewicht des Organismus. Vervollständige die Abbildung.

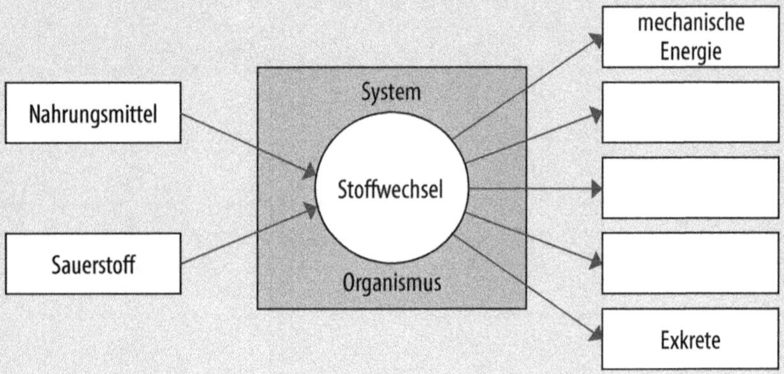

Abb. 150: Beispiel Ernährung: Fließgleichgewicht des Organismus[115] (Vervollständigungsaufgabe)

Die folgenden Schiedsrichterzeichen gibt es im Volleyball. Korrigiere die falschen Bedeutungen.

Abb. 151: Beispiel Sport: Volleyball (Korrekturaufgabe) (Bildquelle: Regelbuch des Weltverbandes FIVB)

Je nach Sportart bzw. Sportartengruppe verändert sich die Nährstoffrelation. Welche Nährstoffe werden durch die farbigen Bereiche dargestellt?

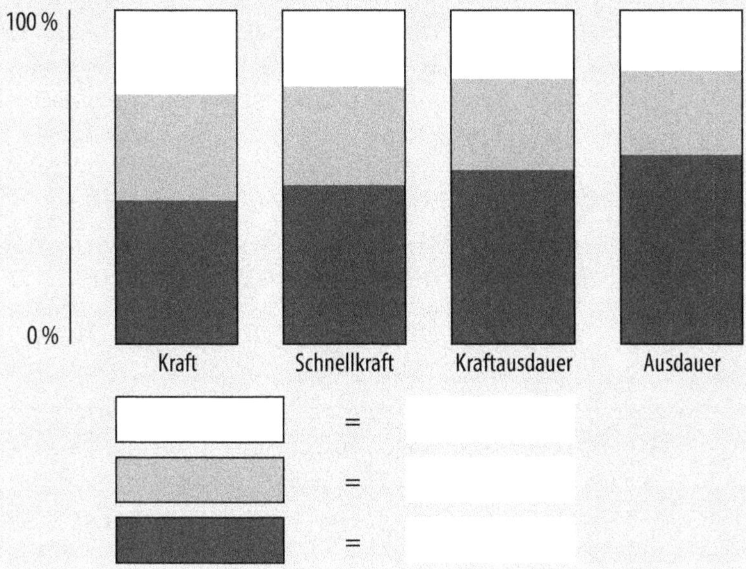

Abb. 152: Beispiel Ernährung: Nährstoffrelationen für Sportartengruppen[116] (Kurzantwort)

4.2 Durchführung: analog und digital

Mini-Aufgaben werden in durchaus unterschiedlicher Art und Weise im Unterricht eingesetzt. Zum einen erfordert das jeweilige **Aufgabenformat** eine je entsprechende Vorgehensweise – die Antworten auf eine Auswahlaufgabe erhebt man anders als jene auf eine Mini-Aufgabe im Kurzantwort- oder Zeichnungsformat. Zum anderen gibt es **verschiedene Kombinationen von analogen und digitalen Elementen.** So kann man im analogen Präsenzunterricht (on-site) eine Mini-Aufgabe mündlich stellen und die Antworten dann durch Handheben einholen. Denkbar wäre aber auch im analogen Setting die Verwendung von digitalen Tools (Audience-Response-Systemen), um die Ergebnisse der Gruppe schnell verfügbar und für alle zugänglich zu machen. In der digitalen Lehre (online) werden die Antworten in der Regel auch digital erhoben; der Vollständigkeit halber könnte man ergänzen, dass selbst online ein traditionelles Handheben möglich wäre.

Um Mini-Aufgaben in der unterrichtlichen Praxis einzusetzen, bedarf es in der Regel einiger Hilfsmittel. In der analogen Variante erfolgt die Vorstellung der Mini-Aufgabe entweder rein mündlich oder aber mithilfe eines unterrichtlichen Mediums (Tafel, Flipchart, Laptop/Beamer, Overhead-Projektor, Visualizer usw.); in der digitalen Variante wird auf digitale Tools (MS Forms, Mentimeter usw.) zurückgegriffen, die dann mithilfe eines Online-Konferenztools (Zoom, MS Teams usw.) den Lernenden zugänglich gemacht werden. Selbstverständlich kann die Aufgabe auch über einen analogen Visualizer in die digitalen Kanäle überführt werden.

Für den Fall, dass eine Auswahlaufgabe gestellt wird, bieten sich im **analogen Präsenzunterricht** folgende Erhebungsvarianten an:

- **Aufzeigen nach Antwortalternative.** Die Lehrperson fragt: „Wer meint, A sei die richtige Antwort?" – „Wer ist für B?" usw., und die Lernenden zeigen jeweils auf.
- **Synchrones Aufzeigen bei genau zwei Alternativen.** Im Falle einer Auswahlfrage mit nur zwei Alternativen wird zeitgleich aufgezeigt: „Diejenigen, die für A stimmen, heben die rechte Hand, diejenigen, die für B stimmen, die linke Hand."
- **Aufzeigen mit farbigen Karten.** Etwas aufwendiger ist es, farbige Karten zu verteilen, die entsprechend eingesetzt werden: „Wer für A stimmt, bitte die gelbe Karte hochhalten, wer für B stimmt, die grüne, und wer für C stimmt, die rote."
- **Aufzeigen mit farbigem Faltblatt.** Eine Variante der Kartentechnik besteht darin, ein A4-Blatt zu verteilen, auf dem vier Quadranten farbig gestaltet sind. Die Lernenden falten das Papier so, dass ihre Antwortwahl oben liegt. Mit dieser Seite zeigen sie dann auf.

Im Falle einer Kurzantwort oder einer Zeichnung kann es sinnvoll sein, dass sich die Lernenden ihre Antwort zunächst notieren bzw. diese skizzieren; damit ist eine Entscheidung vollzogen. Anschließend kann man beispielsweise zunächst einzelne Lernende um ihren Antwortvorschlag bitten und dann andere Personen ins Spiel bringen: „Wer hat etwas anderes?“, „Wie schaut deine Lösung aus?“

Im **digitalen Raum** lassen sich Mini-Aufgaben über Online-Tools wie beispielsweise MS Forms oder Mentimeter erstellen. Diese Tools ermöglichen grundsätzlich das Erstellen verschiedener Aufgabenformate, wobei sich die Tools in ihrem jeweiligen Angebot unterscheiden. Im Einzelnen lassen sich beispielhaft die folgenden Aufgabentypen differenzieren:

- Auswahlaufgabe
- Reihenfolgeaufgabe
- Zuordnungsaufgabe
- Skalierungsaufgabe
- Kurzantwort

Bei **Auswahlaufgaben** (hier: Single Choice) wird eine der vordefinierten Antworten ausgewählt; die Auswertung erfolgt numerisch und visuell (→ Abb. 153).

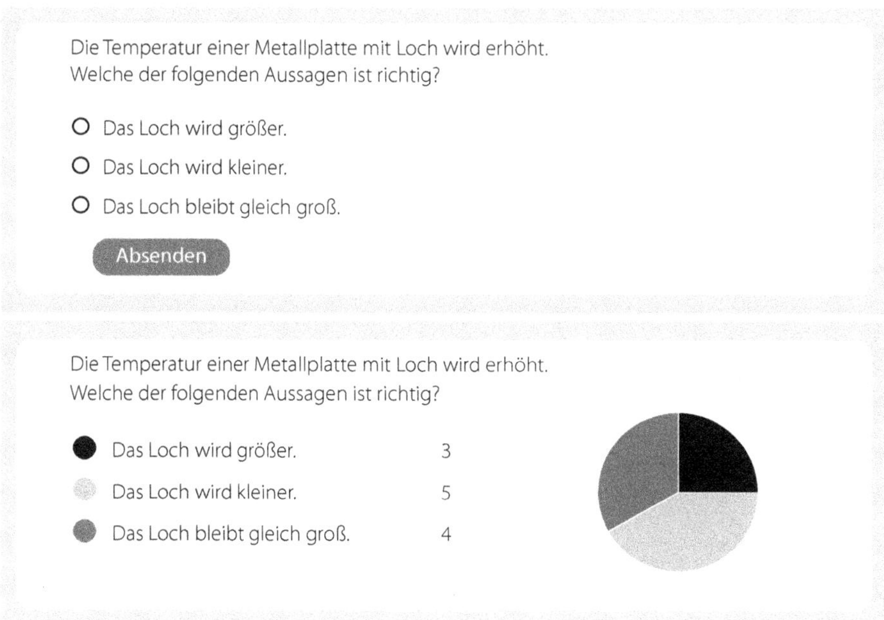

Abb. 153: Auswahlaufgabe (angelehnt an MS Forms: Fragetyp „Auswahl“)

Reihenfolgeaufgaben halten dazu an, vorgegebene Elemente in eine Reihung zu bringen; die Auswertung erfolgt numerisch und visuell (→ Abb. 154).

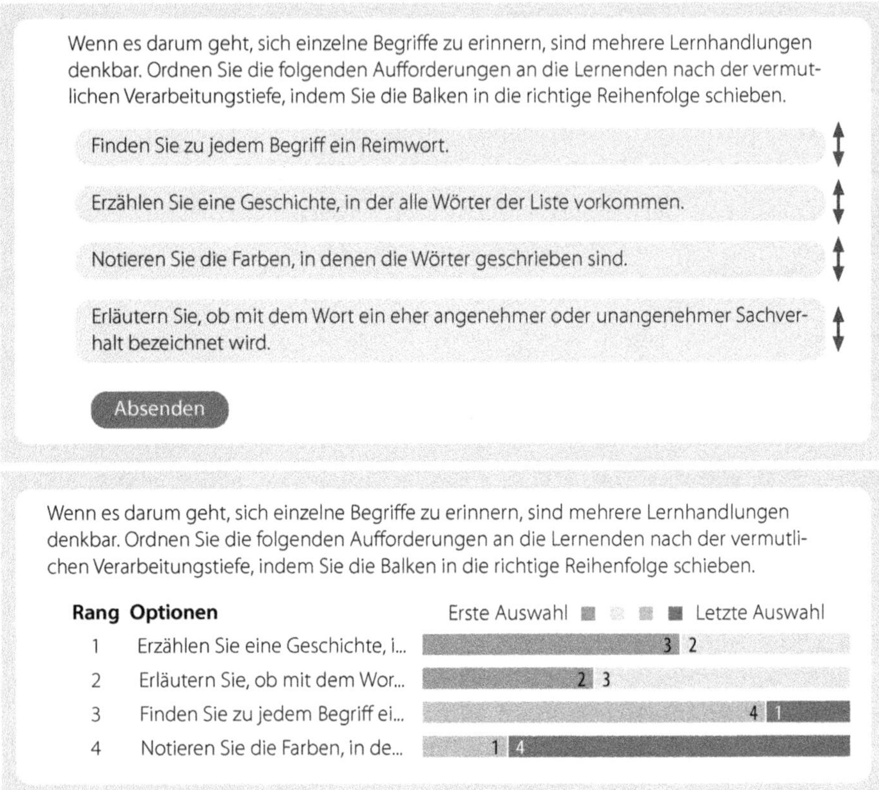

Abb. 154: Reihenfolgeaufgabe (angelehnt an MS Forms: Fragetyp „Rangfolge")

Zuordnungsaufgaben werden genutzt, um bestimmte Aspekte anderen Aspekten zuzuordnen (→ Abb. 155).

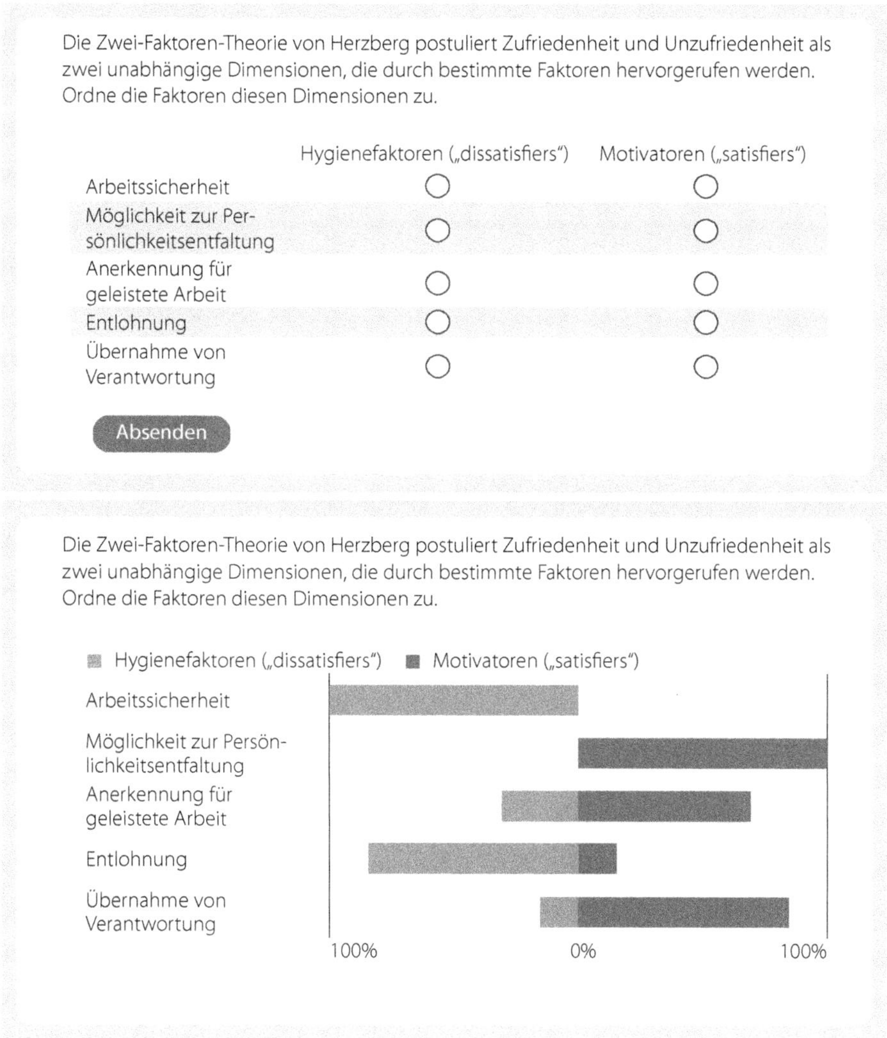

Abb. 155: Zuordnungsaufgabe (angelehnt an MS Forms: Fragetyp „Likert")

Skalierungsaufgaben lassen sich ein- oder zweidimensional auf einer Skala mit beispielsweise zehn Punkten durchführen (→ Abb. 156 und Abb. 157).

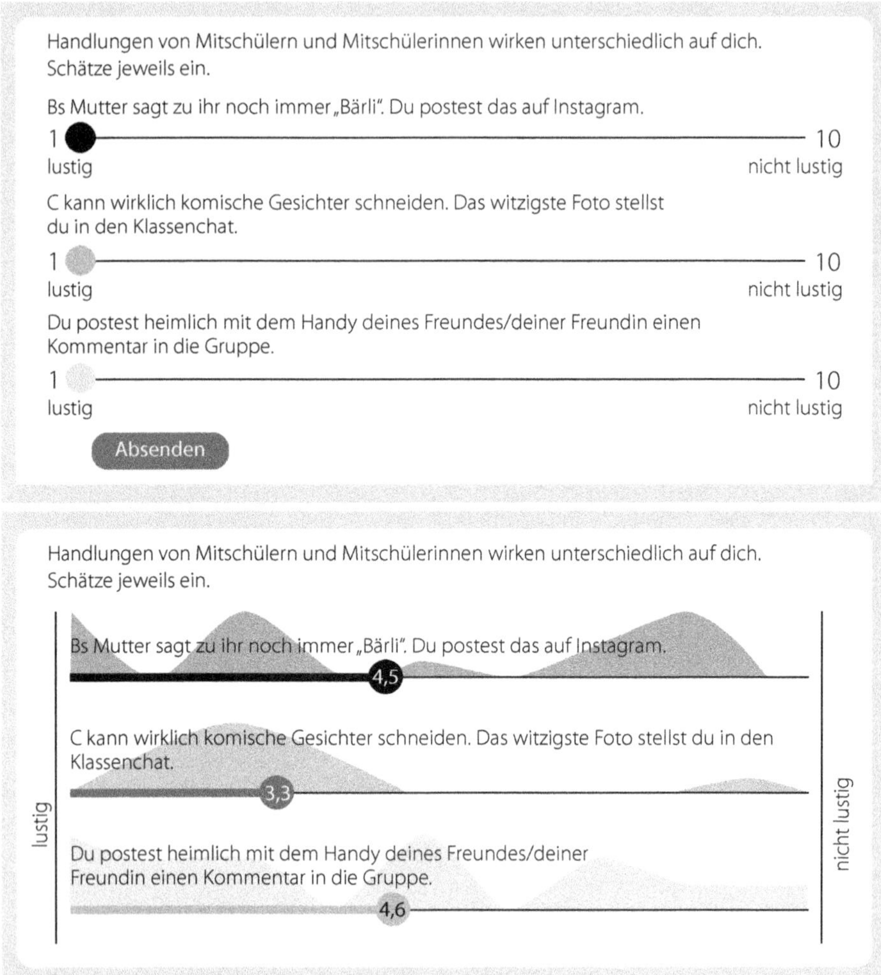

Abb. 156: Skalierungsaufgabe (angelehnt an Mentimeter: Fragetyp „Skalierung")

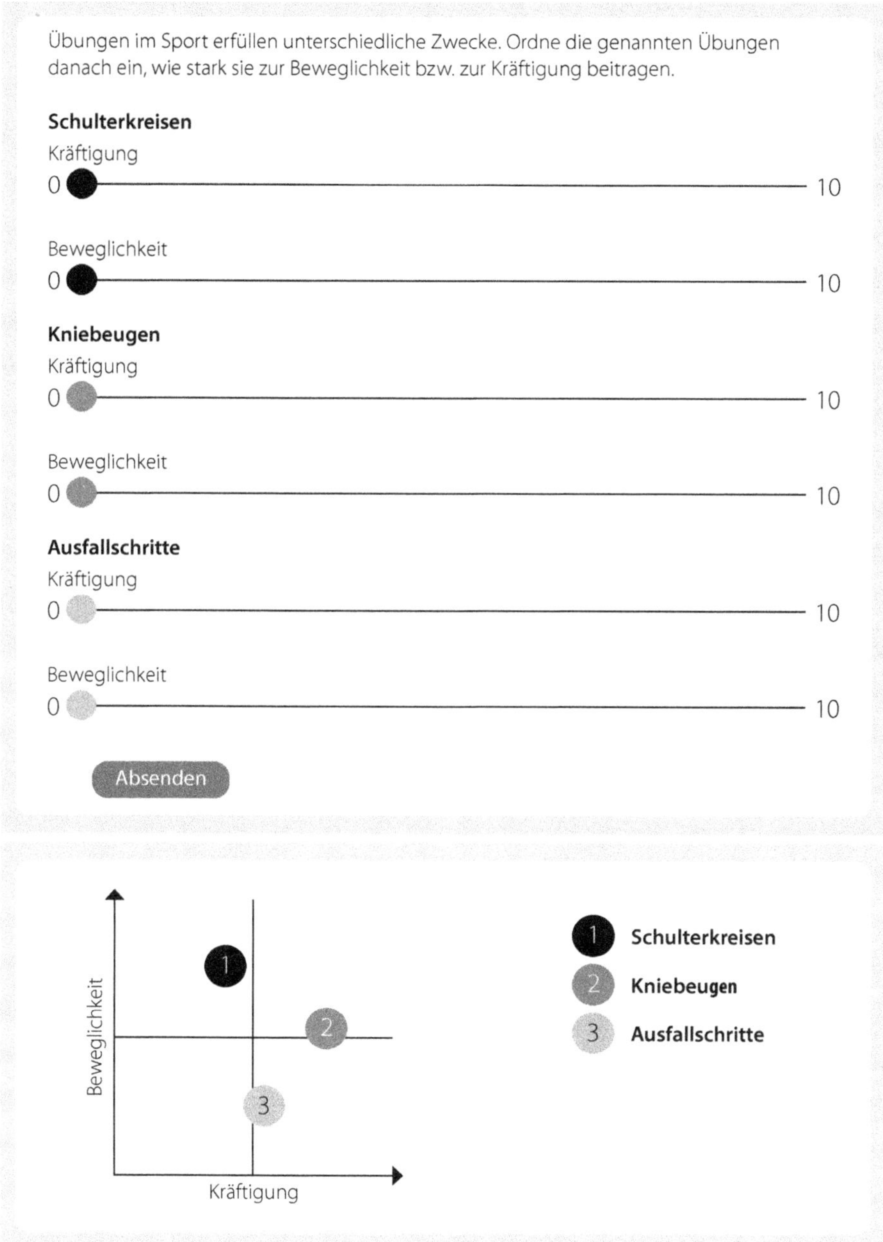

Abb. 157: Skalierungsaufgabe (angelehnt an Mentimeter: Fragetyp „2-grid")

Kurzantworten sind grundsätzlich in vielen Online-Tools verfügbar. Darüber hinaus gibt es auch die Möglichkeit, Antworten im Chat einer Lernplattform oder eines Konferenz-Tools zu platzieren.

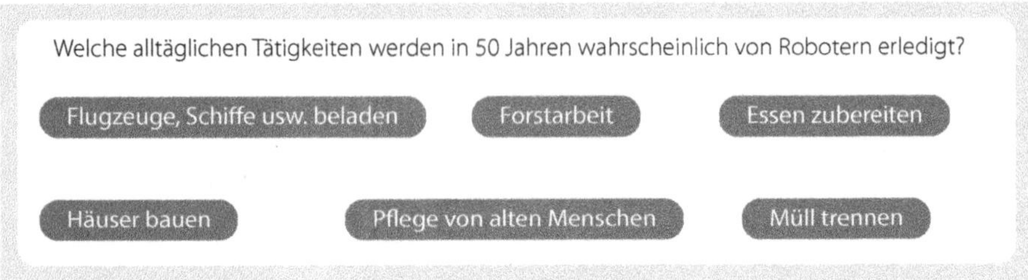

Abb. 158: Kurzantwort (angelehnt an Mentimeter: Fragetyp „Open Ended" bzw. MS Forms: Fragetyp „Test")

Die aufgeführten Online-Antwortformate sind exemplarisch zu verstehen. Es gibt inzwischen eine Vielzahl von digitalen Tools, mit deren Hilfe Aufgaben gestellt und Antworten eingeholt werden können. Die besondere Herausforderung dabei besteht darin, die Antworten aller Lernenden so zu erfassen, wie es in den dargestellten Beispielformaten möglich ist. Oftmals ist eine gewisse Kreativität erforderlich, um die jeweilige Mini-Aufgabe abzubilden. So ließen sich beispielsweise Skizzen oder einfache Zeichnungen von Lernenden auch über eine Online-Pinnwand (z. B. Padlet) zusammentragen; eine einfache Skalierung könnte auch analog als Aufstellung im Raum umgesetzt werden. Insgesamt erscheint es ratsam, sich auf wenige Online-Tools mit einer übersichtlichen Zahl von Aufgabenformaten zu beschränken, da im Mittelpunkt der Aufgabenstellung nicht das jeweilige Tool, sondern das inhaltliche Verständnis und die entsprechenden Verarbeitungsprozesse der Lernenden stehen sollen.

Toolbox: Mini-Aufgaben entwickeln

Im Folgenden werden ausgewählte Techniken und Instrumente für das Themenfeld „Mini-Aufgaben" in alphabetischer Reihenfolge vorgestellt. Sie folgen der Logik:

- (A) Mini-Aufgaben erstellen (→ Kap. 2),
- (B) Mini-Aufgaben im Unterricht einsetzen (→ Kap. 3).

(A) Mini-Aufgaben erstellen

Aufgabenformat-Check

Zweck: Sich die unterschiedlichen Formate für Mini-Aufgaben vergegenwärtigen.
Idee: Ideen für Mini-Aufgaben entstehen nicht nur aus der Reflexion des Lerngegenstands, sondern auch aus möglichen Aufgaben-Formaten.
Vorgehen: Prüfen Sie, inwieweit es möglich ist, die verschiedenen Aufgabenformate zu nutzen:

- geschlossen: z. B. Richtig/falsch-Aufgaben, Auswahlaufgaben, Reihenfolge-Aufgaben
- halboffen: z. B. Skalierungsaufgaben, Vervollständigungsaufgaben, Korrekturaufgaben
- offen: z. B. Kurzantworten (textuell, visuell)

Beispiele: Kap. 2.2

Fragen-Vortrag

Zweck: Mögliche Lernfragen identifizieren.
Idee: Einen Sachverhalt konsequent in eine Frageform überführen.
Vorgehen: Versuchen Sie, einen (üblicherweise) als Erklärung vorzutragenden Sachverhalt in eine Abfolge von Fragen zu überführen.

Beispiele: Kap. 2.4

Mini-Aufgaben-Matrix

Zweck: Geeignete Lernhandlungen (auch: Fragewörter) für bestimmte Verstehenselemente finden.
Idee: Ähnlich wie bei einer morphologischen Matrix (auch morphologischer Kasten) kann es hilfreich sein, Verstehenselemente, Lernhandlungen und Fragewörter für eine Aufgabenstellung sinnvoll zu kombinieren.
Vorgehen: Notieren Sie für einen gegebenen Lerngegenstand

- die verschiedenen Verstehenselemente,
- mögliche Lernhandlungen,
- denkbare Fragewörter

und kombinieren Sie diese auf unterschiedliche Art und Weise.

Beispiele: Kap. 2.4

Reizaufgaben-Analyse

Zweck: Von guten Mini-Aufgaben lernen.
Idee: Eine Vielzahl an guten Beispielen kann zu neuen Mini-Aufgaben „anregen" bzw. inspirieren.
Vorgehen: Stellen Sie eine Good-Practice-Sammlung von Mini-Aufgaben zusammen. Um möglichst vielfältig aufgestellt zu sein, sollten Sie ganz unterschiedliche Beispiele in die Sammlung aufnehmen.

Beispiele: Kap. 2.4

„Richtung" der Frage ermitteln

Zweck: Manchmal ist es hilfreich, sich zu überlegen, wie man sich einer erwünschten Lösung annähert.
Idee: So wie es in der Mathematik manchmal unterschiedliche Lösungswege gibt, so sind auch in anderen Bereichen oftmals mehrere Zugänge zu einer Antwort möglich.
Vorgehen: Überlegen Sie, ob folgende Zugänge bei Ihrer Frage möglich sind:

- über das Gegenteil
- über eine erweiterte Perspektive
- über Teilaspekte
- …

Beispiele: Kap. 2.3

Selbstverständlichkeits-Check

Zweck: Eigene Annahmen hinsichtlich des Lerngegenstandes reflektieren, um die fachlichen „Selbstverständlichkeiten“ im Blick zu behalten.
Idee: Manche Aspekte eines Sachverhalts erscheinen der Lehrperson so selbstverständlich, dass sie diese nicht mehr in ihren Erklärungen und Aufgaben berücksichtigt, obgleich sie für die Lernenden bedeutsam wären.
Vorgehen: Um die eigenen „blinden Flecke“ zu ermitteln, empfiehlt sich ein mehrstufiger Ansatz:

- Ganz direkt: Was habe ich möglicherweise ausgeblendet, weil es mir so selbstverständlich erscheint?
- Eher indirekt: Was muss ich alles erklären, um einen Sachverhalt in seiner Gänze verständlich zu machen?

Beispiele: Kap. 2.4

Siebe der Reduktion

Zweck: Wichtige Verstehenselemente bestimmen.
Idee: Mit unterschiedlich feinen Sieben lassen sich Steine verschiedenster Körnung trennen. Durch ein grobes Sieb fällt fast alles hindurch; ein feines Sieb hingegen hält den Großteil der Steine zurück. Diese Überlegung lässt sich auch auf Verstehenselemente übertragen.
Vorgehen: Legen Sie zunächst die Körnung Ihrer Siebe fest.

- Grobes Sieb (S1): Angenommen, es gäbe bei diesem Lerngegenstand nur zwei zentrale Verstehenselemente – welche wären dies? Und warum?
- Mittleres Sieb (S2): Angenommen, es wären fünf Verstehenselemente bedeutsam – welche sollten dies sein?
- Feines Sieb (S3): Angenommen, Sie sind in der Lage, auch zehn Verstehenselemente zu benennen – welche könnten dies sein?

Beispiele: Kap. 2.4

Timeline-Check

Zweck: Mit unterschiedlichem zeitlichem Abstand die wesentlichen Aspekte eines Lerngegenstands betrachten.
Idee: Oftmals ist es so, dass einzelne Aspekte eines Lerngegenstands mit unterschiedlich großem oder kleinem zeitlichem Abstand zum Unterricht deutlich hervortreten bzw. verblassen.
Vorgehen: Betrachten Sie den Lerngegenstand und die einzelnen Verstehenselemente aus unterschiedlichen zeitlichen Perspektiven, beispielsweise

- bei der Planung des Unterrichts,
- bei der Durchführung des Unterrichts,
- kurz vor der Leistungsfeststellung,
- mit einem zeitlichen Abstand von mehreren Monaten.

Beispiele: Kap. 2.4

Verstehens-Check

Zweck: Das bei einem bestimmten unterrichtlichen Gegenstand zu „Verstehende" erfassen.
Idee: Im Unterricht wird darauf abgezielt, ein bestimmtes Wissen und Können aufseiten der Lernenden zu entwickeln. Vor diesem Hintergrund gilt es zu klären, welche Sachverhalte bzw. Zusammenhänge die Lernenden verstanden haben müssen, um die intendierten Lernziele bzw. Lernergebnisse zu erreichen.
Vorgehen: Hier bietet sich das folgende Vorgehen an:

- zentrale Lernziele bzw. Lernergebnisse auswählen
- das für die jeweilige Lernhandlung (z. B. anwenden, übertragen) erforderliche Verstehen bestimmen

Beispiele: Kap. 1.5 und 3.4

Verstehenselemente (= Erklärteile) bestimmen

Zweck: Die für eine Erklärung notwendigen inhaltlichen Elemente bestimmen.
Idee: Der Gegenstand des Verstehens wird in einzelne Elemente aufgegliedert, die zum Verständnis des gesamten Sachverhalts beitragen.
Vorgehen: Es bietet sich an, einzelne Aussagen festzuhalten, die zum Verständnis beitragen. Dabei sind insbesondere zu berücksichtigen:

- vorhandene Kenntnisse der Zielgruppe, insbesondere auch relevante subjektive Deutungsmuster zum Lerngegenstand
- eigene Annahmen der Lehrperson hinsichtlich Lerngegenstand und Zielgruppe (→ auch Selbstverständlichkeits-Check)

Beispiele: Kap. 2.1

Wesentliches bestimmen

Zweck: Das Wesentliche eines bestimmten unterrichtlichen Gegenstands erfassen.
Idee: Die verschiedenen Aspekte eines Lerngegenstands lassen sich danach unterscheiden, wie wesentlich sie für das Erreichen der Lernergebnisse und ein angemessenes Verstehen sind.
Vorgehen: Überlegen Sie,

- in welcher Form das Wesentliche bei diesem Lerngegenstand aufscheint (z. B. Aussage, Gesetz, Erkenntnis, Prinzip) und
- welche Aspekte des Lerngegenstands das Prädikat „wesentlich" verdienen.

Beispiele: Kap.1.4, 2.1 und 2.5

(B) Mini-Aufgaben im Unterricht einsetzen

Aufgaben-Repertoire

Zweck: Das eigene Aufgabenrepertoire sichtbar machen, dabei auch Präferenzen aufzeigen.
Idee: Lern- und/oder Prüfungsaufgaben lassen sich kategorisieren, beispielsweise hinsichtlich der gewählten kognitiven Anforderung und des Schwierigkeitsgrads für die jeweilige Zielgruppe.
Vorgehen: Erstellen Sie ein zweidimensionales Koordinatensystem, das nach den folgenden Aspekten differenziert:

- Lernaktivität, kognitive Anforderung; ggf. Bezug nehmend auf eine Taxonomie der Lernziele bzw. Lernergebnisse
- Schwierigkeitsgrad (zielgruppenbezogen)

Verorten Sie nun die von Ihnen verwendeten Aufgaben in diesem Koordinatensystem und interpretieren Sie das Ergebnis: Was ist stimmig, und wo sind Adaptionen erforderlich?

Beispiele: Kap. 1.3

Wechsel zwischen Außen- und Innensicht

Zweck: Wirksame Tiefenstrukturen von weniger wirksamen Sichtstrukturen unterscheiden.
Idee: Unterrichtliche Situationen und Arrangements werden zweifach in Augenschein genommen: einmal von außen (Außensicht) und einmal von innen (Innensicht). Damit soll es gelingen, auch die hinter dem direkt zugänglichen Unterrichtsgeschehen liegenden Verarbeitungsprozesse und Interaktionen zu erfassen.
Vorgehen: Außensicht und Innensicht werden erfasst:

- Welche methodischen und inhaltlichen Prozesse sind direkt zugänglich, also sichtbar bzw. wahrnehmbar?
- Welche internen Verarbeitungsprozesse finden bei den Lernenden vermutlich statt? Welcher Beitrag wird damit für den Lernfortschritt und die unterrichtliche Interaktion geleistet?

Beispiele: Kap. 1.2 und 3.2

„Einatmen/Ausatmen"-Drehbuch

Zweck: Einen Wechsel zwischen eher rezeptiven und eher aktiven Lernhandlungen planen.
Idee: Das Drehbuch wird in Form einer Tabelle erstellt, welche die einzelnen unterrichtlichen Phasen voneinander abgrenzt. Neben den Inhalten, Methoden und der Zeit werden auch die vermuteten Lernaktivitäten in einer Spalte aufgeführt.
Vorgehen: Erstellen Sie ein Lehr-Drehbuch, das auch die jeweilige Lernaktivität berücksichtigt. Gerade bei stark inputorientierten Lehrabschnitten gelingt mit Mini-Aufgaben ein „Ausatmen" vieler Lernender.

Beispiele: Kap. 3.2

Tool-Auswahl (digital)

Zweck: Digitale Tools können den Einsatz von Mini-Aufgaben sowohl in der Online- als auch in der On-site-Lehre unterstützen.
Idee: Die angedachten Mini-Aufgabenstellungen werden durch ein geeignetes digitales Tool in die Anwendung überführt.
Vorgehen: Machen Sie sich mit einigen digitalen Tools vertraut, z. B. Microsoft Forms, Mentimeter, Padlet.

Beispiele: Kap. 4.2

Ausgewählte Literatur

Im folgenden Literaturverzeichnis sind Werke aufgeführt, die in der einen oder anderen Weise einen Beitrag zum Themenfeld „Mini-Aufgaben" leisten. Das Verzeichnis erhebt keinen Anspruch auf Vollständigkeit.

Augsburger, Christa/Caduff, Claudio/Plüss, Daniela: Didaktische Hausapotheke, Band 4: Prüfen an höheren Fachschulen, Bern 2016

Caduff, Claudio: Didaktische Hausapotheke, Band 10: Strukturiert Allgemeinbildung unterrichten, Bern 2018

Fauth, Benjamin/Leuders, Timo: Wirksamer Unterricht, Band 2: Kognitive Aktivierung im Unterricht, Stuttgart 2018

Gawatz, Andreas/Stürmer, Kathleen: Kognitive Aktivierung im Unterricht – Befunde der Bildungsforschung und fachspezifische Zugänge, Braunschweig 2019

Gold, Andreas: Guter Unterricht – Was wir wirklich darüber wissen, Göttingen 2015

Keller, Stefan/Reintjes, Christian (Hrsg.): Aufgaben als Schlüssel zur Kompetenz – Didaktische Herausforderungen, wissenschaftliche Zugänge und empirische Befunde, Münster u. a. 2016

Landesinstitut für Schulentwicklung: Aufgaben als Schlüssel zur kognitiven Aktivierung – Grundlagen und Beispiele, Stuttgart 2018

Lehner, Martin: Didaktische Reduktion, 2., überarbeitete Aufl., Bern 2020

Lehner, Martin: Didaktik, Bern 2019

Lipowsky, Frank/Hess, Miriam: Warum es manchmal hilfreich sein kann, das Lernen schwerer zu machen – Kognitive Aktivierung und die Kraft des Vergleichens. In: Schöppe, Karola/Schulz, Frank (Hrsg.): Kreativität & Bildung – Nachhaltiges Lernen, München 2019, S. 77–132

Luthiger, Herbert/Wilhelm, Markus/Wespi, Claudia/Wildhirt, Susanne (Hrsg.): Kompetenzförderung mit Aufgabensets, Theorie – Konzept – Praxis, Bern 2018

Mazur, Eric (hrsg. von Ulrich Harten und Günther Kurz): Peer Instruction – Interaktive Lehre praktisch umgesetzt, Berlin 2017 (US-amerikanische Erstveröffentlichung 1997)

Ralle, Bernd/Prediger, Susanne/Hammann, Marcus/Rothgangel, Martin (Hrsg.): Lernaufgaben entwickeln, bearbeiten und überprüfen – Ergebnisse und Perspektiven fachdidaktischer Forschung, Münster u. a. 2014

Städeli, Christoph/Caduff, Claudio: Unterrichten – Ein Leitfaden für die Praxis, Bern 2019

Städeli, Christoph/Pfiffner, Manfred: Prüfen – Was es zu beachten gilt, Bern 2018

Wagenschein, Martin: Verstehen lehren – Genetisch, Sokratisch, Exemplarisch, 2. Aufl., Weinheim u. a. 2013

Wahl, Diethelm: Wirkungsvoll unterrichten in Schule, Hochschule und Erwachsenenbildung – Von der Organisation der Vorkenntnisse bis zur Anbahnung professionellen Handelns, Bad Heilbrunn 2020

Waldherr, Franz/Walter, Claudia (Hrsg.): Didaktisch und praktisch – Methoden und Medien für die Präsenz- und Onlinelehre, 3., überarbeitete und erweiterte Aufl., Stuttgart 2021

Sachregister

Anmerkungen

1 Dies ist eine bekannte Aufgabe aus der Physik, vgl. beispielsweise: www.spektrum.de/quiz/eine-metallmuenze-wird-in-der-mitte-durchbohrt-und-erhitzt-das-loch-in-der-mitte/580174 (zuletzt abgerufen am 22.03.2022), s. auch in der Physikdidaktik: Christian Thomsen: Studierende helfen sich selbst. In: Monika Rummler (Hrsg.): Vorlesungen innovativ gestalten – Neue Lernformen für große Lerngruppen, Weinheim und Basel 2014, S. 143 (mit Verweis auf Eric Mazur).

2 Eric Mazur (hrsg. von Ulrich Harten und Günther Kurz): Peer Instruction – Interaktive Lehre praktisch umgesetzt, Berlin 2017; vgl. auch Michael Brunnhuber et al.: Spezielle Methoden für die Lehre in MINT-Fächern. In: Franz Waldherr/Claudia Walter (Hrsg.): Didaktisch und praktisch – Methoden und Medien für die Präsenz- und Onlinelehre, 3., überarbeitete und erweiterte Aufl., Stuttgart 2021, S. 59 ff.

3 Irene Gerbig-Calcani: Wie aufmerksam sind Studierende in Vorlesungen und wie viel können sie behalten? Dissertation, Pädagogische Hochschule Weingarten 2009.

4 Martin Lehner: Viel Stoff – wenig Zeit, Wege aus der Vollständigkeitsfalle, 5. Aufl., Bern 2020, S. 33 ff.

5 Fritz Oser/Jean-Luc Patry: Choreographien unterrichtlichen Lernens – Basismodelle des Unterrichts. (Berichte zur Erziehungswissenschaft Nr. 89). Freiburg/Schweiz, 1990.

6 Mareike Kunter/Ulrich Trautwein: Psychologie des Unterrichts, Paderborn 2013, S. 77.

7 Ebd., S. 65.

8 Ebd., S. 76.

9 Ebd., S. 77.

10 Ebd., S. 77.

11 Kurt Reusser/Christine Pauli: Verständnisorientierung in Mathematikstunden erfassen – Ergebnisse eines methodenintegrativen Ansatzes. In: Zeitschrift für Pädagogik, 59(3), 2013; vgl. Christine Pauli: Einen Sachverhalt erklären. In: Pädagogik, 67(3), 2015, S. 46.

12 Andreas Gold: Guter Unterricht – Was wir wirklich darüber wissen, Göttingen 2015, S. 148.

13 Mareike Kunter/Ulrich Trautwein: Psychologie des Unterrichts, Paderborn 2013, S. 116 ff.

14 Andreas Müller: Lernwirksam Physik unterrichten – Zum Stellenwert von kognitiver Aktivierung. In: Andreas Gawatz/Kathleen Stürmer: Kognitive Aktivierung im Unterricht – Befunde der Bildungsforschung und fachspezifische Zugänge, Braunschweig 2019, S. 60.

15 Andreas Gawatz: Kognitive Aktivierung – Vom empirischen Konzept zur fachspezifischen Ausgestaltung im Unterricht. In: ders./Kathleen Stürmer: Kognitive Aktivierung im Unterricht – Befunde der Bildungsforschung und fachspezifische Zugänge, Braunschweig 2019, S. 4.

16 Andreas Gold: Guter Unterricht – Was wir wirklich darüber wissen, Göttingen 2015, S. 74.

17 Michael Neubrand et al.: Aufgaben im COACTIV-Projekt – Einblicke in das Potential für kognitive Aktivierung im Mathematikunterricht. In: Mareike Kunter et al. (Hrsg.): Professionelle Kompetenz von Lehrkräften – Ergebnisse aus dem Forschungsprogramm COACTIV 2011, S. 130.

18 Mareike Kunter/Ulrich Trautwein: Psychologie des Unterrichts, Paderborn 2013, S. 88.

19 Andreas Gold: Guter Unterricht – Was wir wirklich darüber wissen, Göttingen 2015, S. 59.

20 Susanne Prediger/Bärbel Barzel/Timo Leuders/Stephan Hussmann: Systematisieren und Sichern – Nachhaltiges Lernen durch aktives Ordnen. In: Mathematik lehren, 164, 2011, S. 8.

21 Mareike Kunter/Ulrich Trautwein: Psychologie des Unterrichts, Paderborn 2013, S. 87 f.

22 Lothar Klingberg: Einführung in die Allgemeine Didaktik, Berlin 1974, S. 46.

23 Alexander Renkl: Lernaufgaben zum Erwerb prinzipienbasierter Fertigkeiten – Lernende nicht nur aktivieren, sondern aufs Wesentliche fokussieren. In: Bernd Ralle/Susanne Prediger/Marcus Hammann/Martin Rothgangel (Hrsg.): Lernaufgaben entwickeln, bearbeiten und überprüfen – Ergebnisse und Perspektiven der fachdidaktischen Forschung, Münster u. a. 2014, S 16.

24 Ebd., S. 17.

25 Ebd., S. 17 f.
26 Benjamin Fauth/Timo Leuders: Kognitive Aktivierung im Unterricht, hrsg. vom Landesinstitut für Schulentwicklung, Stuttgart 2018, S. 3.
27 Ebd., S. 8.
28 Sigrid Blömeke/Jana Risse/Christine Müller/Dana Eichler/Wolfgang Schulz: Analyse der Qualität von Aufgaben aus didaktischer und fachlicher Sicht – Ein allgemeines Modell und seine exemplarische Umsetzung im Unterrichtsfach Mathematik. In: Unterrichtswissenschaft 34(4), 2006, S. 337.
29 Martin Lehner: Erklären und Verstehen – Eine kleine Didaktik der Vermittlung, Bern 2018, S. 10.
30 Oliver Scholz: Verstehen verstehen. In: Markus Helmerich, Katja Lengnink, Gregor Nickel, Martin Rathgeb: Mathematik verstehen – Philosophische und didaktische Perspektiven, Heidelberg 2011, S. 5.
31 Gerald Wittmann: Erklärsituationen als Schlüssel zu individuellen Konzepten mathematischer Begriffe und Verfahren – Ein Überblick zu mathematikdidaktischen Forschungsansätzen. In: Janet Spreckels: Neue Perspektiven aus der Gesprächs- und Unterrichtsforschung, Hohengehren 2009, S. 99.
32 Walter Köhnlein: Leitende Prinzipien und Curriculum des Sachunterrichts. In: Edith Glumpler/ Steffen Wittkowske (Hrsg.): Sachunterricht heute – Zwischen interdisziplinärem Anspruch und traditionellem Fachbezug, Bad Heilbrunn 1996, S. 59.
33 Martin Wagenschein: Verdunkelndes Wissen? In: ders.: Verstehen lehren – Genetisch, Sokratisch, Exemplarisch, 4. Aufl., Weinheim u. a. 2008, S. 65 (Erstveröffentlichung 1965).
34 Karl Popper: Objektive Erkenntnis – Ein evolutionärer Entwurf, Hamburg 1974, S. 354–375.
35 George Steiner in der Sendung „Sternstunde Philosophie", SF 1, 4. Dezember 2011. www.srf.ch/play/tv/sternstunde-philosophie/video/george-steiner—die-schule-des-lesens?urn=urn:srf:video:c9709440-5ef7-49d5-ba23-5034c68fa822 (zuletzt abgerufen am 22.03.2022).
36 Ference Marton/Roger Saljö: On qualitative differences in learning – I. Outcome and process. In: British Journal of Educational Psychology, 46, 1976, S. 4–11.
37 Wolfgang Widulle: Handlungsorientiert im Studium – Arbeitsbuch für soziale und pädagogische Berufe, Wiesbaden 2009, S. 199.
38 In Anlehnung an: Hendrik den Ouden/Eva-Mariua Rottlaender: Hochschuldidaktik in der Praxis: Lehrveranstaltungen planen, Opladen u. a. 2017, S. 62 f.
39 Vgl. Barbara Drollinger-Vetter: Verstehenselemente und strukturelle Klarheit – Fachdidaktische Qualität der Anleitung von mathematischen Verstehensprozessen im Unterricht, Münster u. a. 2011, S. 247.
40 Christoph Städeli/Manfred Pfiffner: Prüfen – Was es zu beachten gilt, Bern 2018, S. 78 f.
41 Ingrid Dobrovits/Claudia Martina Gründl/Ivana Tolic-Sapina/Dieter Schnedier/Sandra Tinko: das rechnungswesenbuch – Unternehmensrechnung, HAK I, Wien 2017, S. 159.
42 Christoph Städeli/Manfred Pfiffner: Prüfen – Was es zu beachten gilt, Bern 2018, S. 85 f.
43 Frank Lipowsky/Miriam Hess: Warum es manchmal hilfreich sein kann, das Lernen schwerer zu machen – Kognitive Aktivierung und die Kraft des Vergleichens. In: Karola Schöppe/Frank Schulz (Hrsg.): Kreativität & Bildung – Nachhaltiges Lernen, München 2019, S. 104.
44 Lothar Bunn: Erfolgreich Klausuren schreiben, Konstanz u. a. 2013, S. 97–99.
45 Astrid Kaiser: Neue Einführung in die Didaktik des Sachunterrichts, 3. Aufl., Hohengehren 2010, S. 268, vgl. auch Jerry Richardson: Erfolgreich kommunizieren, München 1992, S. 68.
46 Manfred Prior/Heike Winkler: MiniMax für Lehrer – 16 Kommunikationsstrategien mit maximaler Wirkung, Weinheim et al. 2009, S. 60 ff.
47 Rolf Dobelli: Fragen an das Leben, Zürich 2014.
48 Claudio Caduff: Didaktische Hausapotheke, Band 4: Strukturiert Allgemeinbildung unterrichten, Bern 2016, S. 14.
49 Nadine Emmerling/Gabi Fiedler: Aufgaben als Schlüssel zur kognitiven Aktivierung – Grundlagen und Beispiele, hrsg. vom Landesinstitut für Schulentwicklung (LS), Stuttgart 2018, S. 25.
50 Martin Lehner: Didaktische Reduktion, 2. Aufl., Bern 2020, S. 96 ff.

51 Auszug aus dem Kurzvortrag „Digitales Lernen", gehalten auf dem Symposium „Lost in Digitalization" der Österreichischen Fachhochschul-Konferenz im Jahr 2018, St. Pölten.
52 Barbara Drollinger-Vetter: Verstehenselemente und strukturelle Klarheit – Fachdidaktische Qualität der Anleitung von mathematischen Verstehensprozessen im Unterricht, Münster u. a. 2011, S. 187 f. und 244.
53 Ebd., S. 179.
54 Martin Lehner: Viel Stoff – wenig Zeit, Wege aus der Vollständigkeitsfalle, 5. Aufl., Bern 2020, Einleitung.
55 Philip Hübl: Folge dem weißen Kaninchen … in die Welt der Philosophie, Reinbek bei Hamburg 2012, S. 60.
56 Timo Leuders: Aufgaben in Forschung und Praxis – Aufgabenklassifikationen und Aufgabenforschung aus fachdidaktischer Perspektive. In: Bernd Ralle/Susanne Prediger/Marcus Hammann/Martin Rothgangel (Hrsg.): Lernaufgaben entwickeln, bearbeiten und überprüfen – Ergebnisse und Perspektiven fachdidaktischer Forschung, Münster u. a. 2014, S. 38.
57 Ebd., S. 39.
58 Nelson Cowan: Working Memory Capacity, New York 2005.
59 Christopher Chabris/Daniel Simons: Der unsichtbare Gorilla – Wie unser Gehirn sich täuschen lässt, München 2011, S. 59.
60 Diethelm Wahl: Wirkungsvoll unterrichten in Schule, Hochschule und Erwachsenenbildung – Von der Organisation der Vorkenntnisse bis zu Anbahnung professionellen Handelns, Bad Heilbrunn 2020, S. 15.
61 Irene Gerbig-Calcani: Wie aufmerksam sind Studierende in Vorlesungen und wie viel können sie behalten? Dissertation, Pädagogische Hochschule Weingarten 2009, S. 102.
62 Klaus W. Döring: Lehren in der Erwachsenenbildung, Weinheim u. a. 1983, S. 148 ff.; ders.: Praxis der Weiterbildung – Analysen – Reflexionen – Konzepte, Weinheim 1991, S. 90 ff.
63 Irene Gerbig-Calcani: Wie aufmerksam sind Studierende in Vorlesungen und wie viel können sie behalten? Dissertation, Pädagogische Hochschule Weingarten 2009, S. 198.
64 Eric Mazur (hrsg. von Ulrich Harten und Günther Kurz): Peer Instruction – Interaktive Lehre praktisch umgesetzt, Berlin 2017.
65 Harald Groß: Munterrichtsmethode 46: Stichwortsalat. www.orbium.de/methodensammlung/munterrichtsmethode-46-stichwortsalat (zuletzt abgerufen am 22.03.2022).
66 Andreas Müller: Lernwirksam Physik unterrichten – Zum Stellenwert von kognitiver Aktivierung. In: Andreas Gawatz/Kathleen Stürmer: Kognitive Aktivierung im Unterricht – Befunde der Bildungsforschung und fachspezifische Zugänge, Braunschweig 2019, S. 60.
67 Österreichisches Bildungssystem, www.bildungssystem.at (zuletzt abgerufen am 13.07.2022)
68 Martin Wagenschein, zit. nach Hartmut von Hentig: Einführung. In: Martin Wagenschein: Verstehen lehren – Genetisch, Sokratisch, Exemplarisch, 4. Aufl., Weinheim u. a. 2008, S. 10.
69 Martin Wagenschein: Rettet die Phänomene! (Der Vorrang des Unmittelbaren). In: ders.: Erinnerungen für morgen – Eine pädagogische Autobiografie, 2., ergänzte und durchgesehene Aufl., Weinheim 1989, S. 135 (Erstveröffentlichung 1956).
70 Martin Wagenschein: Ursprüngliches Verstehen und exaktes Denken, Band 2, Stuttgart 1970.
71 Martin Wagenschein: Rettet die Phänomene! (Der Vorrang des Unmittelbaren). In: ders.: Erinnerungen für morgen – Eine pädagogische Autobiografie, 2., ergänzte und durchgesehene Aufl., Weinheim 1989, S. 135 (Erstveröffentlichung 1956).
72 Martin Wagenschein: Ursprüngliches Verstehen und exaktes Denken, Band 2, Stuttgart 1970, S. 26.
73 Gespräch mit Martin Wagenschein. In: ders.: Naturphänomene sehen und verstehen – Genetische Lehrgänge, Bern 2009, S. 32.
74 Martin Wagenschein: Superklug. In: ders.: Naturphänomene sehen und verstehen – Genetische Lehrgänge, Bern 2009, S. 33.
75 Martin Wagenschein: Rettet die Phänomene! (Der Vorrang des Unmittelbaren). In: ders.: Erinnerungen für morgen – Eine pädagogische Autobiografie, 2., ergänzte und durchgesehene Aufl., Weinheim 1989, S. 140 f. (Erstveröffentlichung 1956).

76 Martin Wagenschein: … zäh am Staunen – Pädagogische Texte zum Bestehen der Wissensgesellschaft (zusammengestellt und herausgegeben von Horst Rumpf), Seelze-Velber 2002, S. 27 f.

77 Konrad Paul Liessmann: Vom Nutzen und Nachteil des Denkens für das Leben – Vorlesungen zur Einführung in die Philosophie 1, 2. Aufl., Wien 1998, S. 26.

78 Günther Anders: Philosophische Stenogramme, München 1993, S. 124.

79 Shirlene Wade/Celeste Kidd: The role of prior knowledge and curiosity in learning. In: Psychonomic Bulletin & Review, 26, 2019, S. 1377–1387; vgl. Henning Beck: Das neue Lernen heißt Verstehen, 2. Aufl., Berlin 2020, S. 189 f.

80 Derek A. Muller/James Bewes/Manjula D. Sharma/Peter Reimann: Saying the wrong thing – improving learning with multimedia by including misconceptions, Journal of Computer Assisted Learning, 24(2), 2008, S. 144–155; vgl. Henning Beck: Das neue Lernen heißt Verstehen, 2. Aufl., Berlin 2020, S. 204 f.

81 Frank Lipowsky/Miriam Hess: Warum es manchmal hilfreich sein kann, das Lernen schwerer zu machen – Kognitive Aktivierung und die Kraft des Vergleichens. In: Karola Schöppe/Frank Schulz (Hrsg.): Kreativität & Bildung – Nachhaltiges Lernen, München 2019, S. 77.

82 Susanne Prediger/Gerald Wittmann: Aus Fehlern lernen – (wie) ist das möglich? In: Praxis der Mathematik in der Schule, 27, 2009, S. 11.

83 Martin Lehner: Viel Stoff – wenig Zeit, Wege aus der Vollständigkeitsfalle, 5. Aufl., Bern 2020, S. 29 ff.

84 Jörn Brüggemann: Erarbeitungsaufgaben für den Literaturunterricht – Von der empirischen Kompetenzforschung zur Aufgabenentwicklung. In: Stefan Keller/Christian Reintjes (Hrsg.): Aufgaben als Schlüssel zur Kompetenz – Didaktische Herausforderungen, wissenschaftliche Zugänge und empirische Befunde, Münster u. a. 2016, S. 99.

85 Claudia Zingg Stamm/Ulrike Behrens/Ursula Käser-Leisibach/Michael Krelle/Sebatian Weirich: Neue Aufgabenformate für die Messung von Zuhörkompetenzen. In: Stefan Keller/Christian Reintjes (Hrsg.): Aufgaben als Schlüssel zur Kompetenz – Didaktische Herausforderungen, wissenschaftliche Zugänge und empirische Befunde, Münster u. a. 2016, S. 134.

86 Andreas Gawatz/Kathleen Stürmer: Kognitive Aktivierung im Unterricht – Befunde der Bildungsforschung und fachspezifische Zugänge, Braunschweig 2019, S. 77.

87 Axel Goy: Mathematik als „Kunst des Lernens“ – Kognitive Aktivierung als notwendiges Kriterium eines Unterrichts, in dem Mathematik betrieben und gelernt wird. In: Andreas Gawatz/Kathleen Stürmer: Kognitive Aktivierung im Unterricht – Befunde der Bildungsforschung und fachspezifische Zugänge, Braunschweig 2019, S. 38.

88 Natalie Angier: Naturwissenschaft – Was man wissen muss, um die Welt zu verstehen, München 2007, S. 68 f.

89 Gerd Gigerenzer: Risiko – Wie man die richtigen Entscheidungen trifft, München 2013, S. 221.

90 Serlo – Die freie Lernplattform. de.serlo.org/mathe/174189/aufgaben-zur-berechnung-von-prozentwert-grundwert-und-prozentsatz, Aufgabe 5 (zuletzt abgerufen am 22.03.2022).

91 OECD Program for International Assessment: PISA 2000, Beispielaufgaben aus dem Mathematiktest, Deutschland, cdn.prod.www.spiegel.de/media/cf262a73-0001-0014-0000-000000011659/media-11659.pdf, S. 10 f. (zuletzt abgerufen am 22.03.2022).

92 Axel Goy: Mathematik als „Kunst des Lernens“ – Kognitive Aktivierung als notwendiges Kriterium eines Unterrichts, in dem Mathematik betrieben und gelernt wird. In: Andreas Gawatz/Kathleen Stürmer: Kognitive Aktivierung im Unterricht – Befunde der Bildungsforschung und fachspezifische Zugänge, Braunschweig 2019, S. 40.

93 Andreas Büchter: SINUS-Transfer: Erläuterung zu Modul 10 – Verstehensorientierte Aufgaben als Kern einer neuen Kultur der Leistungsüberprüfung, sinus-transfer.uni-bayreuth.de/fileadmin/MaterialienBT/Buechter_Modul_10.pdf, S. 9 (zuletzt abgerufen am 22.03.2022).

94 Axel Goy: Mathematik als „Kunst des Lernens“ – Kognitive Aktivierung als notwendiges Kriterium eines Unterrichts, in dem Mathematik betrieben und gelernt wird. In: Andreas Gawatz/Kathleen

Stürmer: Kognitive Aktivierung im Unterricht – Befunde der Bildungsforschung und fachspezifische Zugänge, Braunschweig 2019, S. 31.

95 Stefan Götz/Evelyn Süss-Stepancik: Intelligentes Üben in einem verstehensorientierten Unterricht. In: Schriftenreihe zur Didaktik der Mathematik der Österreichischen Mathematischen Gesellschaft (ÖMG), 52, 2019, S. 35.

96 Andreas Büchter: SINUS-Transfer: Erläuterung zu Modul 10 – Verstehensorientierte Aufgaben als Kern einer neuen Kultur der Leistungsüberprüfung, sinus-transfer.uni-bayreuth.de/fileadmin/MaterialienBT/Buechter_Modul_10.pdf, S. 17 (zuletzt abgerufen am 22.03.2022).

97 WIFI Steiermark: Elektronik I, zit. nach: Horst O. Mayer/Johannes Hertnagel/Heidi Weber: Lernzielüberprüfung im eLearning, München 2009, S. 83.

98 Maria Egbers/Annette Marohn: Schülervorstellungen verändern – Konzeptentwicklungs- und Gesprächsprozesse im Rahmen der Unterrichtskonzeption „choice2learn". In: Bernd Ralle/Susanne Prediger/Marcus Hammann/Martin Rothgangel (Hrsg.): Lernaufgaben entwickeln, bearbeiten und überprüfen – Ergebnisse und Perspektiven fachdidaktischer Forschung, Münster u. a. 2014, S. 121.

99 Tobias Dorfner/Birgit Jana Neuhaus: Ein buntes Feuerwerk an den Synapsen – Kognitive Aktivierung im Biologieunterricht. In: Andreas Gawatz/Kathleen Stürmer: Kognitive Aktivierung im Unterricht – Befunde der Bildungsforschung und fachspezifische Zugänge, Braunschweig 2019, S. 49.

100 Peter Pfeifer/Bernd Lutz/Hans Joachim Bader: Konkrete Fachdidaktik Chemie, 3. Aufl., München 2002, S. 260 f.

101 Andreas Müller: Lernwirksam Physik unterrichten – Zum Stellenwert von kognitiver Aktivierung. In: Andreas Gawatz/Kathleen Stürmer: Kognitive Aktivierung im Unterricht – Befunde der Bildungsforschung und fachspezifische Zugänge, Braunschweig 2019, S. 60.

102 Ebd.

103 Karen Rieck (unter Mitarbeit von Daniela Hoffmann und Gunnar Friege): Gute Aufgaben, Kiel 2005, S. 22.

104 Hans Rosling: Factfulness – Wie wir lernen, die Welt so zu sehen, wie sie wirklich ist, 7. Aufl., Berlin 2020, S. 13.

105 Wiebke Hofmeister: Prüfungen und Standards in der beruflichen Bildung – Erläuterungen der Klassifikationsmatrix zum ULME-Kompetenzstufenmodell. In: Berufs- und Wirtschaftspädagogik online, 8, 2005, www.bwpat.de/ausgabe8/hofmeister_bwpat8.shtml (zuletzt abgerufen am 22.03.2022).

106 Klaus-Peter Haberl/Gerhard Veidl/Helmut Bauer/Rudolf Lechner: Unternehmensrechnung, Wien 2015, S. 84.

107 Gottfried Menschik et al.: Internationale Wirtschafts- und Kulturräume, V HAK, Linz 2018, S. 176 f.

108 Ebd., S. 94.

109 Ingrid Dobrovits/Claudia Martina Gründl/Ivana Tolic-Sapina/Dieter Schnedier/Sandra Tinko: das rechnungswesenbuch – Unternehmensrechnung, HAK I, Wien 2017, S. 159.

110 Klaus-Peter Haberl/Gerhard Veidl/Helmut Bauer/Rudolf Lechner: Unternehmensrechnung – Teacher's Guide, Wien 2015, S. 9.

111 Ebd.

112 Gerd Gigerenzer: Bauchentscheidungen, 2. Aufl., München 2007, S. 15 f.

113 Konrad Paul Liessmann/Gerhard Zenaty/Katharina Lacina: Vom Denken – Einführung in die Philosophie, 5. Aufl., Wien 2007, S. 210.

114 Ebd., S. 139.

115 Peter Konopka: Sporternährung – Grundlagen, Ernährungsstrategien, Leistungsförderung, 17. Aufl., München 2018, S. 12.

116 Ebd., S. 117.

Martin Lehner
Didaktik

UTB-Basics. Band 5208
2019. 280 Seiten, 80 Abbildungen und Tabellen, kartoniert
ISBN 978-3-8252-5208-3

Didaktik ist die Wissenschaft von der Lehre und die Kunst des Unterrichtens. Stets geht es darum, Lernsituationen und damit auch die Bedingungen des Lehrens und Lernens zu klären und Möglichkeiten der Verbesserung von Lehre zu gewinnen sowie kritisch zu erproben. Theorien und Konzepte zur Analyse und Reflexion von Lehr-/Lernprozessen werden vorgestellt und um empirisch gestützte Informationen zu den diesbezüglichen Voraussetzungen und Wirkungen ergänzt. Martin Lehner führt in didaktische Ansätze ein und verbindet dies mit praktischen Hinweisen zur Gestaltung von Lehr-/Lernprozessen.